Stern
Fotos und Rezepte eines Jahrzehnts
Küche

Das Beste vom STERN Hölker Verlag

„STERNKÜCHE – Fotos und Rezepte eines Jahrzehnts“
erscheint in der Reihe „Das Beste vom Stern im Hölker Verlag“.
Diese Reihe wird fortgesetzt; Informationen erhalten Sie
beim STERN, Gruner+Jahr AG & Co., Am Baumwall 11 in 20459 Hamburg
und beim Verlag Wolfgang Hölker, Martinistraße 2 in 48143 Münster.

Impressum

ISBN 3-88117-492-3

Texte: Marlies Klosterfelde-Wentzel
Fotos: Hans Hansen
Gestaltung: Susanne Söffker
Redaktion: Gerhard Schnitzer
Schlußredaktion: STERN-Schlußredaktion
Gesamtherstellung: Druckerei Ernst Uhl GmbH, Radolfzell
Printed in Germany

Autoren

Michael van Almsink, Agnes Amberg, Petra Casparek,
Erika Casparek-Türkkan, Daniela Horvath, André Jäger, Marianne Kaltenbach, Monika Kellermann,
Marlies Klosterfelde-Wentzel, Heinz Peter Koop, Alois Köpf, Elisabeth Lange,
Hans Werner Liebheit, Martina Meuth und Bernd Neuner-Duttenhofer, Rotraud Michael-Degner,
Anna Paglieri, Heike Reich und Wolfgang Hubert, Inge Schiermann, Klaus Stein,
Wolf Uecker, Cornelia Zingerling

Inhalt

Kalte Vorspeisen und Salate

Apfelsalat mit Lammfleisch 14
Auberginenpüree mit Joghurt 20
Champignons in Essig-Kräuter-Sud 46
Kartoffelsalat mit schwarzen Oliven und Sardellenfilets 110
Kaviar in Kuppeln vom Räucherlachs 112
Kräuterei Mimosa 124
Lachs mariniert mit Jakobsmuschel-Kompott und Seeigel 128
Lauch mariniert 136
Löwenzahnsalat mit Kartoffeln und Speck 140
Mozzarella in Öl eingelegt 154
Olivenöl-Sauce mit Sardellen 168
Paprikarouladen mit Kapern und Schinken 170
Pfirsich-Carpaccio mit Parmesankäse 174
Sprossensalat aus Linsen mit Orangen 228
Tomatensülze mit Kresse 240
Weißkohlsalat mit Joghurt und Schafskäse 250

Warme Vorspeisen

Artischocken mit Hack gefüllt 16
Artischocken in Pergamenthülle 18
Auberginenpüree mit Joghurt 20
Chicorée und Garnelen in Pfannkuchen 48
Melone mit Eichblattsalat und warmem Schafskäse 146
Pilzsalat warm in Thymian-Vinaigrette 176
Pochierte Eier auf Tomaten-Orangen-Sauce 178
Quiche mit Porreefüllung 182
Risotto mit Basilikum 194
Safranrisotto mit Parmesan 206
Schnecken mit Parmesan überbacken 214
Spargelgratin mit Orangen 224

Suppen/ Eintöpfe

Bohnen – Bremer Plockfinken 32
Bohneneintopf mit Sesampaste 36
Chili con carne mit Bohnen 50
Gurkenkaltschale mit Krabben 88
Hummersuppe mit Jakobsmuscheln 94
Kokos in Hühnersuppe mit Zitronengras 120
Möhren-Orangen-Suppe mit Krabbenfleisch 150
Nüsse in Kürbissuppe 160

Fisch, Krusten- und Schalentiere

Austern mit Omelette 22
Butt in Wirsing 44
Chicorée und Garnelen in Pfannkuchen 48
Dorade mit Mango und Zitrone 54
Fenchelkraut zum Ofenfisch 68
Fischfond (Grundrezept) 70
Forellenrahmsuppe mit Mandeln 72
Hummersuppe mit Jakobsmuscheln 94
Kabeljau in Thymian-Zitronen-Sauce 100
Kaviar in Kuppeln vom Räucherlachs 112
Lachs mariniert mit Jakobsmuschel-Kompott und Seeigel 128
Lachsbuletten mit Steinbutt 130
Langusten und Hähnchen 132
Rotbarbe im Ofen gegart 198
Rotbarsch in der Kruste 200
Schnecken mit Parmesan überbacken 214
Tintenfische und Muscheln mit Spaghetti 234
Weinblätter um gegrillte Rotbarben 248
Zitronen-Schellfisch in Pergament 256

Fleisch, Geflügel, Wild und Wildgeflügel

Artischocken mit Hack gefüllt 16

Blutwurst zu Kartoffeltäschchen Himmel und Erde 28

Bohnen – Bremer Plockfinken 32

Chili con carne mit Bohnen 50

Datteln mit Hackbällchen in Koriandersauce 52

Ente lackiert 56

Essigsauce mit Himbeeren zu Rehsteaks 62

Gänsebraten nach Pommerscher Art 76

Gänsekeulen mit Senfkruste 78

Joghurtmarinade zum orientalischen Huhn 96

Johannisbeersauce zur Entenbrust 98

Kalbshaxe Mailänder Art 102

Langusten und Hähnchen 132

Mangoldwickel mit Fleischfüllung 142

Morcheln in Kalbsgeschnetzeltem 152

Oliven in Rindfleisch auf provenzalische Art 166

Paprikarouladen mit Kapern und Schinken 170

Quitten-Linsen-Gericht mit Bregenwürsten 184

Rehschlegel mit Holundersauce 186

Rinderbäckchen in Rotwein 190

Schweinebraten nach Florentiner Art 220

Vermouth-Senf-Sauce zu Kalbskotelett 244

Wirsing mit Kaninchen 252

Gemüse und vegetarische Gerichte Beilagen

Auberginenpüree mit Joghurt 20

Avocadopüree aus Mexiko 24

Birnenkompott süß-sauer 26

Bohnen-Kartoffel-Gemüse mit Knoblauch und Zitrone 34
Bohneneintopf mit Sesampaste 36
Champignons in Essig-Kräuter-Sud 46
Erbsen-Tomaten-Gratin mit verlorenen Eiern 58
Glasiertes Gemüse zum Braten 80
Granatapfel-Pilaw aus dem Orient 82
Grünkohl mit glasierten Maronen 84
Kartoffeln vom Blech mit Schinkenspeck und Rosmarin 106
Kartoffelrouladen mit Pfifferlingen 108
Knoblauch-Tortilla aus Spanien 116
Knödel aus Vollkornsemmeln 118
Lorbeerkartoffeln vom Blech 138
Paprikaschoten türkisch gefüllt 172
Quiche mit Porreefüllung 182
Risotto mit Basilikum 194
Rosenkohl mit Rosinen 196
Rote Bete in Essig 202
Rotkohl-Süßkartoffel-Auflauf mit Mandel-Käse-Kruste 204
Safranrisotto mit Parmesan 206
Salzkrusten-Kartoffeln mit Mojo 210
Schafskäse auf Tomatengemüse 212
Schwarzwurzeln überbacken 218
Selleriescheiben gebraten 222
Spinat-Ei-Pfanne mit Knoblauch und Parmesankäse 226
Tomatensauce mit Basilikum 238
Topinambur mit Kräuterhollandaise 242

Desserts/Konfitüren

Erdbeerkonfitüre mit Duftgeranien 60
Feigen in Rotweinsirup mit Cassis 66
Fruchtsuppe mit Mango, Champagner und Minze 74

Guaven mit Orangen-Zabaione 86
Holundersaft in roter Grütze 92
Kirsch-Clafoutis warm 114
Kürbisravioli mit Zimtzucker 126
Marmelade aus Mango und Papaya 144
Pudding aus dem Dampf mit Quark 180
Zuckersirup zu Früchten 258

Gebäck und Patisserie

Brandteigküchlein mit Schinken-Käse-Füllung 38
Brotring aus der Provence 42
Hefebrötchen mit Korinthen 90
Mohn-Speck-Gugelhupf zum Wein 148
Nußtorte aus dem Engadin 162
Obst-Rahm-Kuchen mit Quark und Sahne 164
Rhabarberkuchen mit Mohn 188
Schokoladentorte aus Wolfenbüttel 216
Teekuchen mit getrockneten und kandierten Früchten 230
Weihnachtsprinten mit Kandis 246

Grundrezepte

Fischfond 70
Nudelteig 158
Risotto/Safranrisotto mit Parmesan 206

Neue Genüsse

Deutschlands bester Koch und Küchenchef der »Schwarzwaldstube« im Hotel Traube Tonbach in Baiersbronn über das Buch der STERN-KÜCHE

Von Harald Wohlfahrt

Was mir an der STERN-Küche immer gefallen hat, sind die Bilder. Ungewöhnliche Fotos, die durch eine originelle Sichtweise faszinieren. Dem Hamburger Fotografen Hans Hansen, der seit mehr als zehn Jahren die STERN-Küche ins Bild setzt, gelingt es in beeindruckender Weise, die geläufige Darstellung bekannter Gerichte zu vermeiden und einen eigenen Blickwinkel für Licht und Farbe, für Form und Strukturen zu finden. Die Umsetzung von Rezepten in optische Genüsse macht jede Woche wieder Appetit auf eine neue Überraschung der Food-Fotografie.

Während die Optik der STERN-Küche in einer Hand liegt, stammen die Rezepte von verschiedenen Autoren. Trotzdem trifft der alte Spruch, daß viele Köche den Brei verderben, hier nicht zu. Im Gegenteil. Die Vielzahl von Experten steht für die Vielfalt der Kochkunst.

Und sie zeigt auch, daß erstklassige Küche keineswegs auf Hummer, Filet und Trüffel beschränkt ist, sondern sich gerade bei Allerweltsgerichten beweist, die entweder raffiniert, eigenwillig gewürzt oder in ungewohnter Zusammenstellung zubereitet werden.

Die Rezepte sind erprobt und machen Lust aufs Nachkochen. Was mich besonders freut: Die Autoren besinnen sich häufig auf vergessene oder verdrängte Zutaten und tragen so dazu bei, daß traditionelle Gemüse-, Kräuter- oder Getreidesorten wieder angebaut werden, die schon fast verschwunden waren. Andererseits wird auf hierzulande wenig gebräuchliche Zutaten aufmerksam gemacht, die anderswo in der Welt sehr gern verwendet werden. Ein Trend, der auch in der Spitzengastronomie zu finden ist.

Vielen Rezepten merkt man den Spaß ihrer Autoren am Kochen und Experimentieren an. Und dabei sind nicht nur Festtagsmenüs entstanden, sondern hauptsächlich Vorschläge für den Alltag. Anregungen, Gewohntes auch mal anders auf den Tisch zu bringen. Wer die Rezepte der STERN-Küche ausprobiert, von denen die besten in diesem Buch zusammengefaßt sind, merkt schnell, wie einfach es ist, seinen üblichen Speiseplan zu erweitern und neue Genüsse zu entdecken.

Gault Millau über Harald Wohlfahrt:
Niemand hierzulande erreicht ihn auch nur annähernd darin, jedes Gericht so zu komponieren,daß der Gast mit jedem Bissen einen neuen geschmacklichen Höhepunkt erlebt

Apfel

Seit Jahrtausenden wird er in unseren Breiten gezüchtet, und ständig kommen neue Variationen hinzu. Doch kaum eine übertrifft die alten Sorten

Das herbsüße Kernobst ist der Deutschen liebste Frucht

Apfelsalat
mit Lammfleisch

Zutaten für 4 Personen:

- 4 Äpfel (z. B. Cox Orange, Berlepsch, Jonagold)
- 2 EL Zitronensaft
- 1 Stange Staudensellerie
- 100 g frische Champignons
- 150 g gekochtes oder gebratenes Lammfleisch
- 200 g Feldsalat
- Salz, 1–2 TL Weinessig , 1 TL scharfer Senf
- ½ durchgepreßte Knoblauchzehe
- etwas Thymian (gehackt)
- 2 EL Walnuß- oder Sonnenblumenöl
- Pfeffer aus der Mühle
- 3 Cherrytomaten oder 1 Tomate
- 12 halbe Walnußkerne

Die Äpfel waschen, ungeschält halbieren, entkernen und in dünne Spalten schneiden, sofort mit einem Eßlöffel Zitronensaft beträufeln. Staudensellerie in einen halben Zentimeter breite Stücke schneiden. Die Champignons putzen, kurz kalt abbrausen, in dünne Scheiben schneiden. Mit dem restlichen Zitronensaft beträufeln. ◆ Das Lammfleisch in dünne Scheibchen schneiden. Den Feldsalat waschen, gut trockenschleudern. ◆ Für die Sauce etwas Salz mit Essig, Senf, Knoblauch, Thymian und Öl verrühren. Mit Pfeffer abschmecken. ◆ Feldsalat, Sellerie und Champignons auf vier Teller verteilen. Das Fleisch darüberlegen, alles mit der Sauce begießen. Die Apfelschnitze fächerartig darauf anordnen. Mit halben Cherrytomaten und Walnußkernen garnieren. ◆ Beilage: geröstetes Bauernbrot oder Baguette. ◆ Tip: Man kann die Nüsse auch grob hacken und den Salat mit den Nußstückchen bestreuen. Und anstelle von Lammfleisch kann man auch Geflügel- oder Wildfleisch verwenden. ◆ Tip: Je dünner das Fleisch geschnitten wurde, desto besser schmeckt der Salat – das Fleisch muß dafür vorher im Kühlschrank gut durchgekühlt werden, und Sie brauchen ein großes, scharfes Messer oder eine gute Brotschneidemaschine. ◆ Tip: Apfelspalten werden auch nicht braun, wenn sie kurz in Salzwasser (ein halber Teelöffel Salz und 500 Milliliter Wasser) getaucht werden.

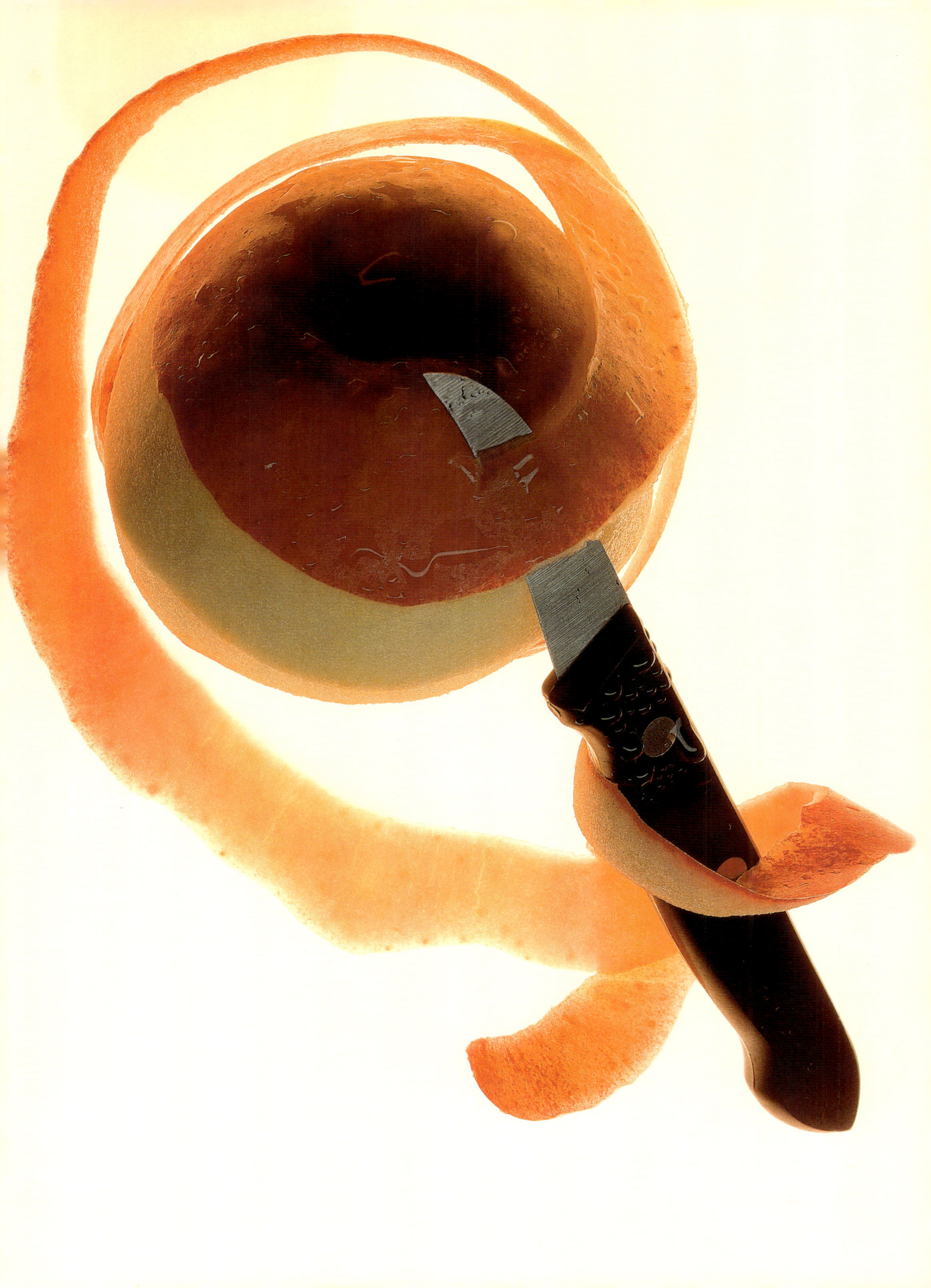

Artischocken

mit Hack gefüllt

Zutaten für 4 bis 8 Personen:

8 mittelgroße Artischocken
1 Schuß Wein- oder Obstessig
200 g Rinderhackfleisch
2 EL frisch geriebener Pecorino-Käse
1 große Knoblauchzehe
2 EL Paniermehl
½ Bund glatte Petersilie
1 Ei
Salz, schwarzer Pfeffer aus der Mühle
2 EL Olivenöl
⅛ l trockener Weißwein (vermischt mit ⅛ l Wasser)

Artischocken gründlich waschen. Die Blätter auf halber Höhe bis zu den fleischigen Ansätzen abschneiden. Die Stiele ausbrechen, Artischocken für etwa 15 Minuten in Essigwasser legen. ◆ Danach die Blätter auseinanderbiegen und das Heu mit einem Teelöffel ausschaben, die Artischocken ausspülen. Die kleinen, zarten Blätter im Innern herauszupfen, klein hacken. ◆ Hackfleisch in eine Schüssel geben, mit Pecorino-Käse, der abgezogenen, zerdrückten Knoblauchzehe, Paniermehl, der feingehackten Petersilie, dem Ei sowie Salz und Pfeffer und den gehackten Artischockenblättchen gut verkneten. ◆ Artischocken mit der Hackfleischmasse füllen. Olivenöl auf dem Boden eines großflächigen Bräters oder Topfes verteilen, die Artischocken nebeneinander hineinsetzen. ◆ Artischocken bei starker Hitze zehn Minuten anbraten. Den Topf zwischendurch rütteln und etwas vom Wein-Wasser-Gemisch zugießen. Hitze runterschalten, restliche Flüssigkeit zugeben und die Artischocken zugedeckt in 30 Minuten sanft fertiggaren. Zwischendurch die Artischocken mit Schmorflüssigkeit begießen. Heiß oder lauwarm servieren. ◆ Beilage: mit Baguette für acht Personen als Vorspeise oder Zwischengericht – mit Reis oder Risotto für vier Personen als Hauptgericht.

Artischocken

in Pergamenthülle

Zutaten für 4 Personen als Vorspeise:

- 8 Mini-Artischocken
- 1 Schuß Wein- oder Obstessig
- Pergamentpapier
- 1 Knoblauchzehe (halbiert)
- Butter zum Bestreichen
- 4 Scheiben Parmaschinken
- Salz
- weißer Pfeffer aus der Mühle
- 60 g kalte Butter
- 2 EL geriebener Parmesan

Backofen auf 180 Grad vorheizen. Die Artischocken sorgfältig zurechtschneiden: Das obere Drittel mit einem scharfen Messer abtrennen. So viele äußere Blätter mit der Hand entfernen, bis der eßbare innere Teil, das zarte Artischockenherz, übrigbleibt. Damit sich die Schnittstellen nicht verfärben, sofort in eine Schüssel mit Essigwasser legen. ◆ Zum Abtropfen mit der offenen Seite auf Küchenpapier legen. Dann die verbliebenen Blätter und den Stiel entfernen und die Artischockenherzen in dünne Scheiben schneiden. ◆ Vier quadratische Stücke Pergamentpapier in der Mitte mit Knoblauch einreiben und mit Butter bestreichen. Je eine Scheibe Parmaschinken darauflegen. ◆ Die Artischockenscheiben darüberschichten, salzen und pfeffern. Auf jede Portion eine Scheibe Butter legen, mit Parmesan bestreuen. Das Papier oben zusammenfalten, die Seiten nach oben falten, damit ein rechteckiges Päckchen entsteht. Die Ränder mehrmals umschlagen und mit Büroklammern befestigen. ◆ Auf das Backblech legen, in das untere Drittel des vorgeheizten Ofens schieben. 15 bis 20 Minuten garen. Die geschlossenen Päckchen auf Teller legen und servieren. ◆ Beilage : Dazu schmecken Baguette und kühler, trockener Weiß- oder Roséwein.

Auberginenpüree

mit Joghurt

Zutaten für 4 Personen:

3 mittelgroße Auberginen
2 Zwiebeln, 1 EL Öl
je 1 gehäufter TL feingehackter Knoblauch und Ingwer
je 1 TL gemahlener Koriander und Kreuzkümmel
je ½ TL Kurkuma und Chilipulver (oder Cayennepfeffer)
Salz, Zucker, 1 Becher Joghurt (150 g)

Die Auberginen auf einem Stück Alufolie (damit der Ofen sauber bleibt) bei 250 Grad etwa 20 Minuten backen, bis das Fleisch weich ist. ◆ Die Zwiebeln hacken, im heißen Öl in einer großen Pfanne bei milder Hitze andünsten; beginnen sie zu bräunen, alle Gewürze zufügen. ◆ Vorgebackene Auberginen der Länge nach durchschneiden, das Fleisch aus der Schale kratzen, grob hacken, zum Zwiebelgemüse geben und noch etwa zehn Minuten mitschmoren. Mit Salz und Zucker abschmecken. ◆ Vom Herd nehmen, in einer Schüssel mit dem Joghurt vermischen. Sofort servieren. ◆ Beilage: So ähnlich wie nach diesem Rezept aus der pakistanischen Küche bereitet man das Püree auch in arabischen Ländern zu und ißt es mit Fladenbrot als Vorspeise. Es schmeckt warm oder kalt und paßt zum Beispiel wunderbar als Auftakt in ein sommerliches Menü oder als Dip zu Cräckern.

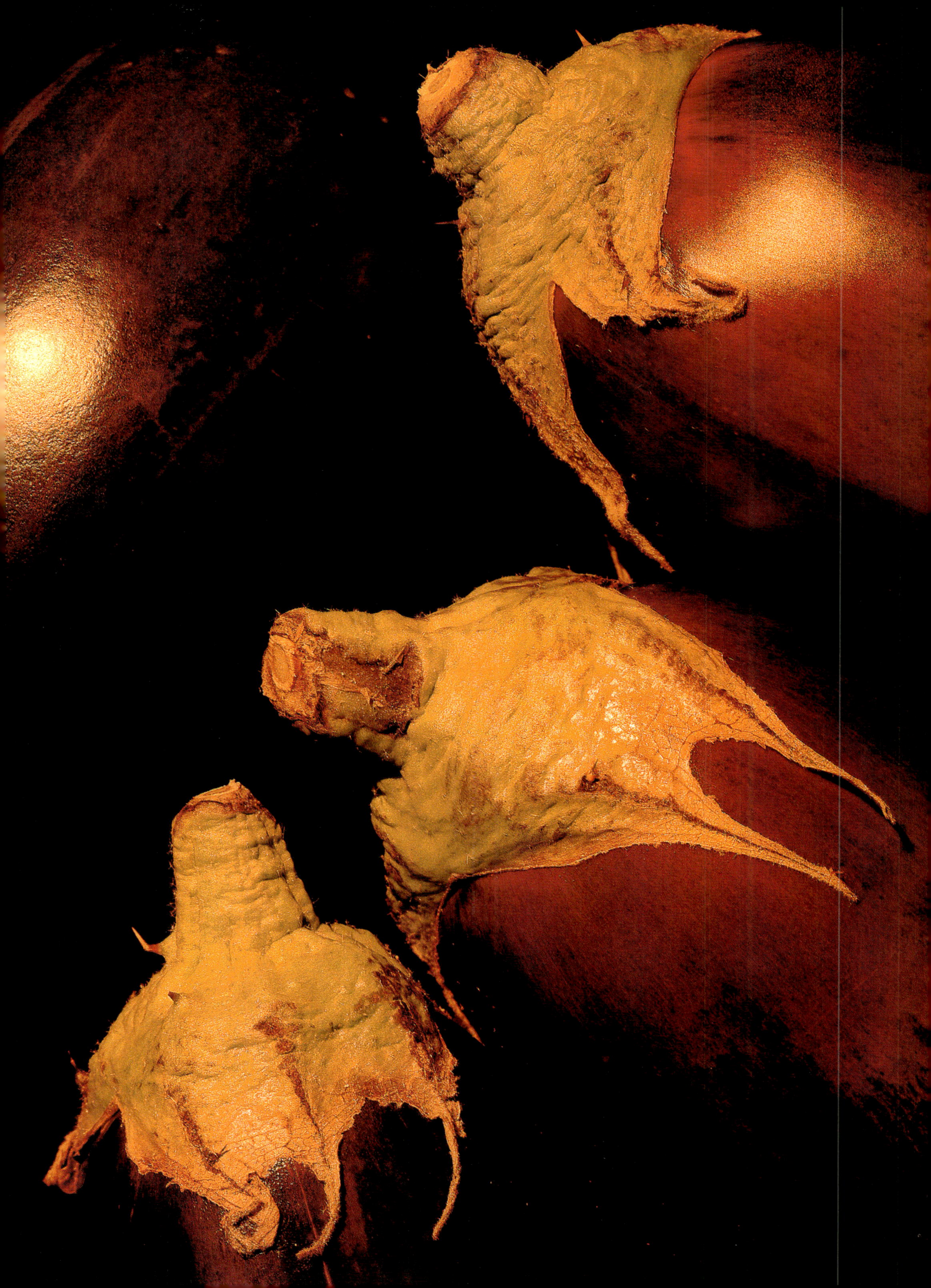

Austern
mit Omelette

Zutaten pro Person:

- 75 g Champignons
- 1 Schalotte
- 2 Stengel Petersilie
- Butterschmalz zum Braten
- Salz
- schwarzer Pfeffer aus der Mühle
- 2–3 EL Butter
- 1 EL Limettensaft und etwas zum Beträufeln
- 6 Austern
- 2 Eier

Champignons putzen und in schmale Streifen schneiden. Schalotte fein würfeln. Petersilie waschen, trockenschütteln, Blätter abzupfen und fein hacken. ◆ Champignons in wenig Butterschmalz scharf anbraten. Schalotte bei milder Hitze glasig werden lassen. Beides vermischen, salzen und pfeffern, mit Petersilie bestreuen und beiseite stellen. ◆ Einen Eßlöffel Butter schmelzen, den Limettensaft dazugeben, beides verrühren. Warm stellen. ◆ Austern öffnen und auslösen. Eier mit einer Prise Salz verquirlen. ◆ Ein bis zwei Eßlöffel Butter bei mittlerer Hitze schmelzen, Eier hineingeben und bei milder Hitze langsam stocken lassen. Nach einer Minute Austern auf nur einer Seite der Pfanne in das noch flüssige Ei geben. Nach einer weiteren Minute Champignon-Schalotten-Mischung über die Austern verteilen. Noch ein wenig weiterstocken lassen. Dann die ungefüllte Hälfte über die gefüllte klappen. Nach weiteren ein bis zwei Minuten aus der Pfanne nehmen, mit Limettenbutter beträufeln und sofort servieren. ◆ Beilage: Dazu passen Baguette und trockener Weißwein. ◆ Tip: Dieses Omelette läßt sich am besten in einer großen, beschichteten Pfanne zubereiten. ◆ Tip: Probieren Sie das Omelette auch einmal mit frischen Mies- oder Pfahlmuscheln aus – allerdings nur in den Monaten, in deren Namen ein -r- enthalten ist.

Avocadopüree
aus Mexiko

Zutaten für 4–6 Personen:

- 2 reife Avocados
- wenig Zitronensaft
- 2 mittelgroße Tomaten
- 1 kleine Zwiebel, 1 rote Chilischote
- Salz
- 3 EL Koriandergrün (ersatzweise glatte Petersilie)

Die Avocados halbieren, den Stein herauslösen, das Fruchtfleisch herauslöffeln und im Mixer pürieren. In eine Schüssel geben und mit ein paar Tropfen Zitronensaft beträufeln. ◆ Die Tomaten überbrühen, häuten, entkernen, klein würfeln. Die abgezogene Zwiebel und die entkernte Chilischote klein hacken. ◆ Alle Zutaten miteinander vermengen und nach Geschmack salzen; mit dem gehackten Koriandergrün bestreut servieren. ◆ Beilage: Dieses Püree wird in Mexiko zu Huhn in Schokoladensauce gereicht, schmeckt aber auch sehr gut in Tortillas, als Dip zu Gemüse oder Maiskräckern sowie auf Brot. ◆ Tip: Da in den meisten Gemüsegeschäften harte, unreife Avocados angeboten werden, sollten Sie die Früchte besser drei Tage vor der Verarbeitung kaufen und bei Zimmertemperatur nachreifen lassen.

Birnenkompott

süß-sauer

Zutaten für 4 Personen:

- 6 EL Weißweinessig
- 150 g Zucker, 3 Gewürznelken
- 8 schwarze Pfefferkörner, ½ Zimtstange
- Schale einer unbehandelten Zitrone
- 1 kg Birnen

Vier Eßlöffel Wasser mit dem Essig, dem Zucker, den Nelken, den Pfefferkörnern, der Zimtstange und der Zitronenschale kochen, bis der Zucker aufgelöst ist. ◆ Die Birnen schälen, achteln, Blüten und Kerngehäuse entfernen. ◆ Die Birnenachtel in den Sud geben, stark aufkochen und zehn Minuten bei milder Hitze zugedeckt gar ziehen lassen. Zum Auskühlen beiseite stellen. ◆ Beilage: Das Birnenkompott eignet sich gut als Beilage zu Schweine-, Wild- oder Siedfleisch. ◆ Tip: Geeignete Birnensorten sind Clapps Liebling, Conference, Gellerts Butterbirne und Williams Christ.

Blutwurst

zu Kartoffeltäschchen Himmel und Erde

Zutaten für 4 Personen:

125 g Kartoffeln (mehligkochend)
50 g Weizenmehl (Type 405)
100 ml Milch, 100 g Schlagsahne
2 Eier (Kl. M), ½ TL Salz
schwarzer Pfeffer aus der Mühle
60 g magerer Frühstücksspeck
2 große Äpfel (ca. 350 g)
5 EL Brühe, 2 TL Butter
schwarzer Pfeffer aus der Mühle
Majoran, Öl zum Braten, 2 kleine Blutwürste

Kartoffeln 20 Minuten kochen, pellen und durch eine Kartoffelpresse drücken. ◆ Restliche Zutaten für die Crêpes verquirlen und ruhen lassen. Danach gepreßte Kartoffeln etwas abgekühlt zufügen und noch mal gut verrühren. ◆ Frühstücksspeck sehr fein würfeln und in einer Pfanne bei mittlerer Hitze langsam knusprig braten und aus der Pfanne nehmen. ◆ Geschälte und entkernte Äpfel sehr fein würfeln und in die heiße Pfanne geben und andünsten. Brühe zugießen, aufkochen und mit Butter, Gewürzen und Majoran verrühren. Zugedeckt bei milder Hitze warm halten. ◆ Eine kleine Pfanne (18 bis 20 Zentimeter Durchmesser) erhitzen und mit Öl auspinseln. ◆ Mit einer Schöpfkelle etwas Teig in die Pfanne geben, gleichmäßig verteilen und bei guter Hitze von beiden Seiten etwa acht goldbraune, dünne Crêpes backen. ◆ Crêpes auf vorgewärmte Teller gleiten lassen. Auf jeden Crêpe etwas Speck und einen Eßlöffel Apfelfüllung geben und zu Säckchen formen. ◆ Blutwurst in Scheiben schneiden, kurz auf jeder Seite braten, dazulegen und mit Majoranblättchen bestreuen.

Bohnen

Bis zu 200 Arten wachsen unter dieser Bezeichnung. Die Hülsenfrucht wird hauptsächlich als kräftige, voll- und preiswerte Hausmannskost verarbeitet. Jung geerntet, ist sie eine Delikatesse

Dicke, Sau-oder Puffbohne

Bohnen

Bremer Plockfinken

Zutaten für 4 Personen:

- 200 g getrocknete mittelgroße weiße Bohnen
- 1 EL Schmalz
- 500 g geräucherter Schweinebauch
- 500 g Möhren
- 250 g säuerliche Äpfel
- Salz
- schwarzer Pfeffer aus der Mühle
- etwas Obst- oder Weinessig
- Zucker
- glatte, feingehackte Petersilie

Die Bohnen am Vortag in reichlich kaltem Wasser mindestens sechs Stunden einweichen. Sie müssen großzügig bedeckt sein, weil sie in der Einweichphase sehr viel Wasser aufsaugen und immer bedeckt sein müssen. ◆ Am nächsten Tag das Schmalz in einem Schmortopf erhitzen, den in Würfel geschnittenen Schweinebauch darin hellgelb anbraten. Die Bohnen abgießen, mit frischem Wasser auffüllen, bis sie bedeckt sind, und mit diesem Wasser zum Schweinebauch hinzufügen. Zugedeckt eine Stunde köcheln lassen. ◆ Die geputzten und in Scheiben geschnittenen Möhren dazugeben. Nach zehn Minuten die geschälten, in Stücke geschnittenen Äpfel zufügen und alles zugedeckt langsam gar kochen lassen. Mit Salz, Pfeffer, Essig und Zucker abschmecken. Mit Petersilie bestreut servieren. ◆ Tip: Die Garzeit der Bohnen hängt auch von ihrem Alter und der Größe ab. Frischgetrocknete Bohnen können schon nach einer halben Stunde und alte erst nach eineinhalb oder zwei Stunden weich sein – machen Sie zwischendurch Garproben. Gießen Sie Einweichwasser immer weg und frisches Wasser zu, das macht alle Gerichte aus Hülsenfrüchten bekömmlicher. ◆ Tip: Dazu schmeckt im Sommer frisch gehacktes Bohnenkraut.

Bohnen-Kartoffel-Gemüse

mit Knoblauch und Zitrone

Zutaten für 4 Personen:

- 125 g kleine getrocknete Bohnenkerne
- 1 kleines Lorbeerblatt
- 1–2 Knoblauchzehen
- 500 g Kartoffeln (vorwiegend festkochend)
- Salz
- schwarzer Pfeffer aus der Mühle
- ½ unbehandelte Zitrone
- 4–5 EL Olivenöl
- 1 Bund Bohnenkraut

Bohnen in reichlich kaltem Wasser mindestens sechs Stunden einweichen. Das Einweichwasser abgießen und die Bohnen mit frischem Wasser, doppelt hoch bedeckt, und mit Lorbeerblatt und Knoblauch zum Kochen bringen. ◆ Kartoffeln waschen, schälen und in einen Zentimeter dicke Würfel schneiden. Kartoffelwürfel und Salz dann zu den Bohnen geben, wenn sie fast weich sind – das kann je nach Alter und Größe der getrockneten Bohnen nach einer halben oder einer Stunde sein. ◆ Das Gemüse kochen, bis Kartoffelwürfel und Bohnen weich sind. Zwischendurch umrühren und eventuell etwas Wasser nachfüllen. ◆ Gemüse abgießen, einen Viertelliter Flüssigkeit auffangen. Etwas Zitronenschale mit dem Zestenreißer abschaben. Zitrone auspressen, beides mit Olivenöl und Pfeffer in die Gemüsebrühe rühren und unter das Bohnen-Kartoffel-Gemüse mischen. Bohnenkraut hacken und darüberstreuen. ◆ Tip: Wenn Sie frische Bohnenkerne verwenden, zum Beispiel ausgepalte Barlotti-Bohnen, die auf dem Foto abgebildet sind, verkürzt und verändert sich die Kochzeit: Bohnenkerne und Kartoffelwürfel werden, knapp mit Wasser bedeckt, von Anfang an zusammen gekocht und sind nach 20 bis 30 Minuten gar. Für getrocknete Bohnen beachten Sie den Kochtip für das Rezept »Bohnen – Bremer Plockfinken«.

Bohneneintopf

mit Sesampaste

Zutaten für 4 Personen:

- 300 g schwarze oder braune Bohnen (über Nacht eingeweicht)
- 3 Knoblauchzehen
- 3 Fleischtomaten
- 2 rote Paprikaschoten
- 1 Bund Frühlingszwiebeln
- 1 scharfe, rote Chilischote
- 50 g Butter oder Butterschmalz
- 4 EL Sesampaste (Tahin, aus dem türkischen Lebensmittelgeschäft oder aus dem Naturkostladen)
- 1 Prise oder 1 gehäufter TL gemahlener Kreuzkümmel (Kumin), Salz
- 1 Bund glatte Petersilie

Die eingeweichten Bohnen abgießen, in einen Topf geben und mit frischem Wasser bedecken. Die Knoblauchzehen abziehen, zwei davon zugeben. Bohnen etwa eine Stunde kochen, bis sie weich sind. ◆ Tomaten abspülen, Stielansätze herausschneiden, vierteln und das Fruchtfleisch würfeln. Paprikaschoten halbieren, Stiele, Kerne und weiße Zwischenwände entfernen. Schoten ausspülen und klein würfeln. ◆ Zwiebeln waschen, putzen, harte Röhren abschneiden und in zentimeterdicke Scheiben schneiden. Die Chilischote waschen, den Stielansatz abschneiden. Wer das Gericht sehr scharf mag, schneidet die Schote mit den Kernen in Ringe, andernfalls längs halbieren, Kerne herauskratzen und die Schote dann in Streifen schneiden. ◆ Die Butter oder das Butterschmalz in die gegarten Bohnen rühren. In einer Pfanne Sesampaste mit vier bis fünf Eßlöffeln heißem Wasser glattrühren, das Gemüse zugeben und acht bis zehn Minuten bei milder Hitze dünsten. ◆ Das Gemüse unter die Bohnen rühren. Alles mit Kreuzkümmel und Salz abschmecken. Die restliche Knoblauchzehe zum Bohneneintopf pressen. Petersilie waschen, trockenschütteln, Blättchen fein hacken, zugeben, alles gut verrühren und abschmecken. Das Gericht noch fünf Minuten bei sanfter Hitze durchziehen lassen. ◆ Beilage: warmes Fladenbrot. ◆ Tip: Die Chilischote mit Gummihandschuhen bearbeiten oder nach dem Kleinschneiden die Hände sehr gründlich waschen. ◆ Tip: Für die getrockneten Bohnen beachten Sie den Kochtip für das Rezept: »Bohnen – Bremer Plockfinken« ◆ Tip: Gut schmeckt auch dazu frisches Koriandergrün.

Brandteigküchlein

mit Schinken-Käse-Füllung

Zutaten für 14 Portionen:

- 1 Prise Salz
- 50 g Butter und Butter für das Backblech
- 125 g Mehl Type 405 (oder halb und halb mit Vollkornmehl gemischt)
- 3 Eier (Kl. M)

Für die Füllung:

- 30 g Butter, 30 g Mehl, 300 ml Milch
- 1 Prise Muskat (frisch gerieben)
- 30 g Parmesan (frisch gerieben)
- 100 g gekochter Schinken (fein gehackt)
- 1 Messerspitze Senf
- 200 ml Schlagsahne (steif geschlagen)

Für den Teig 200 Milliliter Wasser mit Salz und Butter in einem Topf zum Kochen bringen. Von der Herdplatte ziehen und das Mehl »im Sturz« hineinschütten. Mit einem möglichst abgeflachten Holzlöffel kräftig rühren, bis die Masse glatt ist. ◆ Die Eier verquirlen und nach und nach unter den Teigkloß arbeiten – das geht auch gut mit dem Knethaken des Handrührers. Den Backofen auf 180 Grad vorheizen. ◆ Ein Backblech leicht buttern und den Teig mit zwei Eßlöffeln (oder mit einem Spritzbeutel mit glatter Tülle) in Häufchen im Abstand von etwa vier Zentimetern daraufsetzen. ◆ Das Backblech auf der zweiten Einschubleiste von unten in den Ofen schieben und 25 Minuten backen, ohne zwischendurch die Ofentür zu öffnen. ◆ Dann auf 200 Grad schalten und je nach Größe und Form des Gebäcks nochmals fünf bis zehn Minuten weiterbacken. Anschließend bei 50 Grad warm halten. ◆ Für die Füllung Butter und Mehl bei mäßiger Hitze anschwitzen, ohne daß sich die Farbe ändert. ◆ Topf beiseite ziehen und mit Milch unter Rühren ablöschen, wieder bei mittlerer Hitze langsam aufkochen. Alle anderen Zutaten, bis auf die Sahne, zugeben. Von der Platte ziehen und die Schlagsahne unterheben. ◆ Die warmen Brandteigküchlein mit einer Schere quer aufschneiden, füllen und warm servieren. ◆ Tip: Es ist wichtig, daß Brandteiggebäck lange genug gebacken und die Ofentür während der Backzeit nicht geöffnet wird. Das Gebäck wird nicht so spröde, wenn Sie ein Schälchen mit Wasser auf den Ofenboden stellen. ◆ Tip: Wenn das Wasser mit der Butter siedet, den Topf sofort vom Herd nehmen, damit nichts verdampft.

Brot

Seit 8000 Jahren beherrscht der Mensch die Kunst, Korn zu mahlen, mit Wasser zu kneten und daraus auf heißen Steinen Fladen zu backen. Salz brachte später die erste Verfeinerung

Über 200 Brotsorten werden in Deutschland gebacken

Brotring

aus der Provence

Zutaten für einen Ring:

700 g Weizenmehl (Type 1050)

1½ TL Salz

½ TL Zucker

30 g Bäcker-Hefe

7 EL Olivenöl (40–45 g)

Mehl zum Kneten

Mehl, Salz, Zucker und zerbröselte Hefe in eine große Schüssel oder besser in die Arbeitsschüssel einer Küchenmaschine geben. Während des Knetens 400 ml lauwarmes Wasser und Öl zufügen. Anschließend noch einmal mit der Hand zu einem elastischen Teig durchkneten, zu einer Kugel formen, in eine saubere Schüssel legen und mindestens eine Stunde zugedeckt gehen lassen. ◆ Den Teig auf bemehlter Unterlage nochmals durchkneten, zu einem 80 cm langen Strang rollen und zum Ring formen, diesen auf ein mit Backpapier ausgelegtes Blech legen. Nochmals 30 bis 45 Minuten gehen lassen. Den Backofen auf 225 Grad vorheizen und das Brot auf der zweiten Leiste von unten 30 Minuten backen. ◆ Tip: Stellen Sie ein Schälchen Wasser auf den Backofenboden, damit der Hefeteig gut aufgeht.

Butt
in Wirsing

Zutaten für 4 Personen:

1 kleiner junger Wirsing, Salz
60 g kalte Butterflöckchen und Butter für die Förmchen
400 g Glattbuttfilets (oder andere Fischfilets)
weißer Pfeffer aus der Mühle
100 ml Weißwein
1 EL Schalotten (feingehackt)
1 EL trockener Vermouth (Noilly Prat)
1 EL Schlagsahne, 1 EL Kaviar
1 EL Salmrogen (Keta Kaviar)

Die äußeren groben Blätter des Wirsings entfernen, die zarten hellgrünen Blätter einzeln abtrennen, die Blattrippen herausschneiden. Wasser und Salz aufkochen und die Blätter hineingeben, in etwa ein bis zwei Minuten knapp gar kochen. Kalt abschrecken. ◆ Vier Portionsauflaufförmchen mit Butter ausstreichen. Die Fischfilets in kleine Würfel schneiden, mit Salz und Pfeffer bestreuen. Die Fischwürfel zu vier Portionen in die Wirsingblätter einpacken, in die Förmchen setzen und mit Alufolie abdecken. Den Backofen auf 180 Grad vorheizen. ◆ Den Weißwein mit den Schalotten auf zwei bis drei Eßlöffel einkochen. Den Vermouth zufügen, noch einmal ein wenig reduzieren. Die Sahne und die Butterflöckchen zugeben. Mit dem Schneebesen rühren, bis eine gleichmäßige weiße Sauce entsteht. Nicht mehr kochen. ◆ Inzwischen die Förmchen im Backofen zehn bis zwölf Minuten garen. ◆ Die Sauce mit Kaviar mischen. Die Förmchen auf warme Teller stürzen. Die Sauce um die Förmchen herum gießen und mit Salmrogen garnieren. ◆ Tip: Beim Warmhalten gart der Fisch nach; deshalb die angegebene Temperatur nicht überschreiten und die Förmchen nur sehr kurz im Ofen lassen.

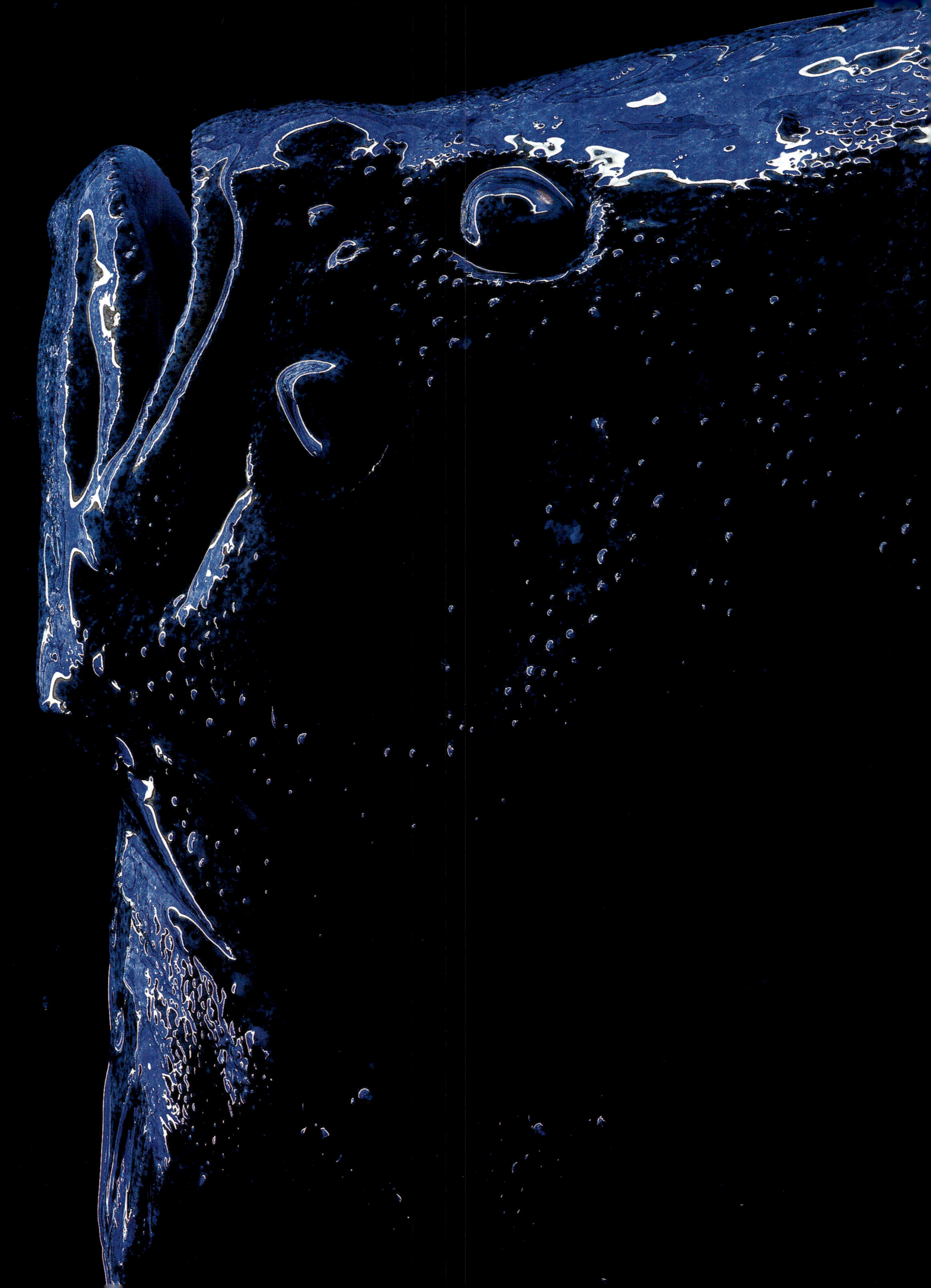

Champignons

in Essig-Kräuter-Sud

Zutaten für 4 bis 5 Personen:

- 1 Peperoni
- 1 Koblauchzehe
- 100 ml Rotweinessig
- 1 TL Salz
- ½ TL Zucker
- 1 Zweig Thymian
- 1 Lorbeerblatt
- 500 g geputzte Champignons
- kaltgepreßtes Olivenöl

Peperoni längs aufschlitzen, dabei den Stiel abschneiden und die Kerne herausschaben. Mit Gummihandschuhen arbeiten oder die Hände anschließend sorgfältig waschen. Knoblauchzehe abziehen. Beides mit Essig, einer Tasse Wasser, Salz, Zucker und Kräutern aufkochen. ◆ Die Pilze in zwei Portionen nacheinander vier bis fünf Minuten in dem Sud kochen, mit der Schaumkelle herausheben und in ein Einmachglas geben. Den Sud im offenen Topf etwas einkochen, über die Pilze gießen und erkalten lassen. ◆ Die eingelegten Champignons mit einer fünf Millimeter dicken Schicht Olivenöl abdecken und im Kühlschrank mindestens drei Tage durchziehen lassen. Nach drei Wochen sollten die Pilze verzehrt sein. ◆ Beilage: Diese eingelegten Pilze werden mit geröstetem Brot als Vorspeise oder Imbiß oder als Beilage zu gebratenem Fleisch serviert. Gut paßt außerdem grüner Salat dazu. ◆ Tip: In der Saison mit anderen Pilzen, zum Beispiel Pfifferlingen und Austernpilzen, mischen!

Chicorée

und Garnelen in Pfannkuchen

Zutaten für 6 Personen als Vorspeise, für 2 Personen als Hauptgericht:

- 2 Eier (Kl. M), ¼ l Milch
- Salz, 100 g Mehl
- 1 Bund Frühlingszwiebeln, 500 g Chicorée
- 200 g geschälte, vorgegarte Garnelen
- 4 EL Sonnenblumenöl und Öl zum Braten
- 2 EL trockener Weißwein
- 1 Messerspitze Ingwerpulver
- 4–5 EL süße Sojasauce (Ketjap Manis)
- 1 Bund glatte Petersilie
- 1 Schuß Mineralwasser
- Mangochutney aus dem Glas

Eier, Milch und einen halben Teelöffel Salz in einer Schüssel gut verquirlen. Mehl dazusieben und gründlich unterrühren. Den Teig kräftig aufschlagen und mindestens fünf Minuten stehen lassen – besser länger. ◆ Wurzelansätze von den Frühlingszwiebeln abschneiden, waschen und in Scheibchen schneiden. Den Chicorée längs halbieren und die bitteren Kerne mit einem spitzen Küchenmesser keilförmig herausschneiden. Chicorée abspülen, abtropfen lassen, dann in schmale Streifen schneiden. Die Garnelen in einem Sieb kalt abbrausen. ◆ In einer Pfanne das Öl erhitzen und die Zwiebeln darin glasig dünsten. Chicorée zugeben und unter Wenden bei guter Hitze drei bis vier Minuten mitdünsten. ◆ Wein, Ingwerpulver und die Sojasauce unterrühren und weiterschmoren, bis ein Teil der Flüssigkeit verdampft ist. Die Garnelen untermischen und kurz darin erwärmen. Petersilie abspülen, trocknen, die Blättchen hacken und unter das Gemüse mischen. Alles warm stellen, bis die Pfannkuchen fertig sind. ◆ In einer zweiten großen beschichteten Pfanne etwas Öl erhitzen. Einen Schuß Mineralwasser unter den Pfannkuchenteig rühren. Aus je einer mittelgroßen Suppenkelle Teig insgesamt vier bis sechs dünne Pfannkuchen backen. Öl nach Bedarf zugeben. In die Mitte jedes Pfannkuchens etwas Gemüse mit Garnelen geben. Pfannkuchen zusammenrollen. Mit Mangochutney als pikanter Zugabe sofort servieren.

Chili con carne
mit Bohnen

Zutaten für 6 Personen:

- 500 g schwarze oder rote Bohnen
- 250 g Zwiebeln, 2 Knoblauchzehen
- 2–4 Chilischoten
- 750 g durchwachsenes Rindfleisch
- 250 g Möhren
- 3 EL Öl, Salz
- 2 EL edelsüßes Paprikapulver
- gemahlener Piment
- frisch geriebener Muskat
- ½ l Fleischbrühe
- 500 g Fleischtomaten
- 1 TL abgezupfte Thymianblätter

Die Bohnen mit reichlich kaltem Wasser bedeckt einweichen und über Nacht quellen lassen. Am nächsten Morgen abgetropft mit frischem Wasser – ohne Salz – etwa eine Stunde kochen, so daß die Kerne noch nicht zu weich sind. ◆ Inzwischen Zwiebeln und Knoblauch abziehen und würfeln. Die Chilischoten halbieren, entkernen und waschen. Dabei mit Gummihandschuhen arbeiten oder die Hände anschließend sehr gründlich waschen. Die Schoten in feine Streifen schneiden. ◆ Das Rindfleisch in etwa zentimetergroße Würfel schneiden. Die Möhren schälen und ebenfalls würfeln. Das Öl in einem großen Topf erhitzen und das Rindfleisch portionsweise darin braun anbraten. Salzen. Zwiebeln und Knoblauch zugeben und bei milder Hitze glasig dünsten. ◆ Die abgetropften Bohnen zum Fleisch geben. Mit Salz, Paprika, einer kräftigen Prise Piment und Muskat würzen. Die Möhrenwürfel und feingeschnittenen Chilischoten untermischen. Die Fleischbrühe zugießen und alles bei schwacher Hitze 30 bis 40 Minuten im geschlossenen Topf schmoren. ◆ Tomaten überbrühen, abschrecken, die Haut abziehen und den Stielansatz herausschneiden. Das Fruchtfleisch entkernen, grob zerkleinern und zugeben. Weitere zehn Minuten kräftig schmoren und mit Thymian bestreut servieren. ◆ Beilage: Reis, Bauernbrot oder geröstetes Fladenbrot. ◆ Tip: Dieser Eintopf kann gut für viele Personen vorbereitet und wieder aufgewärmt serviert werden. ◆ Für die getrockneten Bohnen beachten Sie den Kochtip für das Rezept »Bohnen – Bremer Plockfinken«.

Datteln

mit Hackbällchen in Koriandersauce

Zutaten für 4 Personen:

1 trockenes Brötchen
600 g Rinderhackfleisch
1 Ei, 2 mittelgroße Zwiebeln
150 g frische Datteln
2 EL Pinienkerne,Salz
schwarzer Pfeffer aus der Mühle
1 Messerspitze gemahlener
Kreuzkümmel (Kumin)
1½ TL Paprikapulver, edelsüß
2–3 EL Mehl zum Wälzen
4 EL Olivenöl
400 g aromatische Tomaten oder
1 kleine Dose geschälte Tomaten
75 ml Rotwein
1 Prise Cayennepfeffer
4 Zweige frischer Koriander

Das Brötchen mit lauwarmem Wasser bedeckt einweichen. Hackfleisch in eine Schüssel geben. Das Ei zufügen. Zwiebeln abziehen, eine fein zum Hackfleisch reiben, die andere klein würfeln und beiseite legen. Das Brötchen ausdrücken, mit den Fingern fein zerpflücken und zugeben. ◆ Dattelhäutchen abziehen, halbieren, Steine entfernen. Fruchtfleisch sehr klein hacken. Die Pinienkerne in einer trockenen Pfanne goldgelb anrösten, aber nicht braun werden lassen. Mit den Datteln zum Hackfleisch geben. ◆ Einen Teelöffel Salz, eine Prise Pfeffer, Kreuzkümmel und einen halben Teelöffel Paprikapulver zufügen. Alles gut verkneten. Aus der Masse kleine Bällchen drehen, sie sollen nicht mehr als zweieinhalb Zentimeter Durchmesser haben. Mehl in eine Schüssel geben und die Bällchen darin wälzen. ◆ Etwas Olivenöl in einer großen Pfanne erhitzen und die Fleischbällchen darin rundum braun braten, auf einem Teller beiseite stellen. ◆ Frische Tomaten mit kochendem Wasser überbrühen, abziehen, den Stielansatz herausschneiden und würfeln. Den Saft dabei auffangen. ◆ Im verbliebenen Fett die gewürfelte Zwiebel glasig braten. Frische oder Dosen-Tomaten mit Flüssigkeit sowie Wein zugeben. Tomaten mit dem Kochlöffel zerdrücken. Alles bei Mittelhitze aufkochen. ◆ Die Sauce mit Salz, Pfeffer, einem Teelöffel Paprikapulver und Cayennepfeffer herzhaft abschmecken und zwei Minuten köcheln lassen. Koriander, wenn nötig, kurz kalt waschen, trockenschütteln, die Blättchen hacken und in die Sauce rühren. ◆ Die Fleischbällchen hineingeben und mit Sauce bedecken, bei milder Hitze fünf Minuten köcheln. Zwischendurch umrühren und nach Bedarf noch etwas heißes Wasser zugeben, die Sauce dickt nach. ◆ Beilage: Reis oder kurze Nudeln.

Dorade

mit Mango und Zitrone

Zutaten für 4 Personen:

- 1–2 TL schwarze Pfefferkörner
- 1 große reife Mango
- 1 große Dorade (Goldbrasse, ca. 1,5 kg)
- Salz
- etwas Zitronensaft
- 1 Zweig frische Minze
- 50 g Butter
- 1/8 l Weißwein
- 2 EL kaltgepreßtes Olivenöl
- 1 EL neutrales Öl
- 3 Zitronen

Pfefferkörner im Mörser zerdrücken. Die Mango halbieren, dabei an der flachen Seite des Steins entlang und diesen aus einer Hälfte herausschneiden. Das Fruchtfleisch karoförmig in beiden Hälften mit einem Messer knapp bis zur Schale einritzen. Die Fruchthälften umstülpen und nun die Fruchtfleischwürfel von der Fruchtschale schneiden. Den Backofen auf 200 Grad vorheizen. ◆ Den gewaschenen Fisch ausnehmen und schuppen, die Flossen abschneiden. Fisch mit Salz und Zitronensaft einreiben, in das Innere die Minze und den Stein der Mango geben. Eine feuerfeste, flache Auflaufform mit Butter ausstreichen, den Fisch darauflegen, mit dem Wein übergießen. Die restliche Butter in Flöckchen auf den Fisch setzen. ◆ In den vorgeheizten Backofen schieben und in 40 Minuten gar werden lassen, den Fisch dabei hin und wieder mit Wein begießen. ◆ Während der Garzeit die Zitronen so schälen, daß auch die weiße Haut entfernt ist. Fruchtfleisch in Würfel schneiden. ◆ Das Öl in einer beschichteten Pfanne erhitzen und die Mango- und Zitronenwürfel kurz darin andünsten. ◆ Den Fisch aus der Form nehmen und auf eine vorgewärmte Platte legen und warm halten. Den Fischsud zu den Früchten gießen und etwas einkochen lassen. Mit reichlich frisch geschrotetem Pfeffer würzen. Die Fruchtsauce getrennt servieren.

◆ Beilage: grüne Nudeln.

Ente

lackiert

Zutaten für 4 Personen:

- 1 Bauernente (etwa 2 kg)
- 2 EL Fünfgewürzpulver
- 3 EL Reiswein (oder Sherry)
- 4 EL Sojasauce
- 1 EL Zucker
- 3 Knoblauchzehen
- 300 g Sojakeime (oder Mungobohnensprossen)
- 2 EL Öl
- 2 Frühlingszwiebeln
- 2 EL Fischsauce
- 4 EL Hoisinsauce

Die Ente mit einer Marinade aus Fünfgewürzpulver, Reiswein, Sojasauce, Zucker und durchgepreßtem Knoblauch rundum einpinseln. Die restliche Marinade in den Entenbauch gießen. Die Ente so drehen und wenden, daß sie innen überall mariniert wird. Den Backofen auf 250 Grad vorheizen. ◆ Eine Fettpfanne mit Wasser füllen, mit einem eingeölten Rost abdecken, die Ente, mit der Brust nach unten, daraufsetzen und in den vorgeheizten Ofen schieben. ◆ Nach einer halben Stunde die Ente auf den Rücken legen. Die Marinade aus dem Bauch in ein Töpfchen gießen und beiseite stellen. Den Backofen auf 200 Grad herunterschalten, die Ente eine weitere halbe Stunde braten. ◆ Zum Schluß die Ofentemperatur noch einmal auf höchste Stufe schalten. Die Ente mit der aufgefangenen Marinade einpinseln und weitere zehn Minuten braten, bis die Haut schön kroß geworden ist. ◆ Zum Servieren die Keulen abtrennen, das Brustfleisch ablösen und quer in zentimeterbreite Streifen schneiden. ◆ Die Sojakeime im heißen Öl rasch unter Rühren braten, dabei die in Ringe geschnittenen Frühlingszwiebeln zufügen. Mit Fischsauce, Hoisinsauce und einem Löffel Entenmarinade würzen. ◆ Auf einer Platte die Sojakeime anrichten, die Entenkeulen und die Entenbrustscheiben darauf anordnen. ◆ Beilage: Duftreis.

Erbsen-Tomaten-Gratin

mit verlorenen Eiern

Zutaten für 4 Personen:

- 250 g zarte Zuckerschoten
- 2 EL gehackte Zwiebeln
- 2 EL Butterschmalz
- 2 EL Gemüsebrühe
- Salz
- schwarzer Pfeffer aus der Mühle
- 400 g gepalte grüne Erbsen
- 2 aromatische Fleischtomaten
- 1 TL gehackter Oregano
- 4 EL geriebener Greyerzer
- 2 EL Essig
- 4 frische Eier (Kl. M)

Die Zuckerschoten abfädeln, waschen und abtropfen lassen. Zwiebeln in einem Eßlöffel Butterschmalz andünsten. Zuckerschoten zufügen und mit Brühe ablöschen. Mit Salz und Pfeffer würzen. Fünf Minuten zugedeckt dünsten. Die Erbsen zufügen und fünf Minuten weiterdünsten. Den Backofen auf 200 Grad vorheizen. ◆ Eine feuerfeste, nicht zu hohe Form mit einem Eßlöffel Butterschmalz ausstreichen. Zuckerschoten und Erbsen im Sieb abtropfen lassen, den Saft dabei auffangen und zur Hälfte einkochen. ◆ Die Hälfte des Gemüses in die Form geben. Einige Tomatenscheiben darauflegen. Mit wenig Oregano, Pfeffer und einem Eßlöffel Greyerzer bestreuen. Restliches Gemüse und Tomatenscheiben darauf verteilen. Wieder würzen und einen Eßlöffel Greyerzer darüberstreuen. ◆ Eingekochten Gemüsesaft über das Gemüse gießen und im vorgeheizten Ofen ungefähr zehn Minuten überbacken. ◆ Inzwischen einen Liter Wasser mit dem Essig aufkochen. Die Eier einzeln in eine Tasse aufschlagen und ins siedende, nicht mehr sprudelnd kochende Wasser gleiten lassen. Drei Minuten ziehen lassen. Die Eier mit der Schaumkelle aus dem Topf heben und auf Küchenpapier abtropfen lassen. ◆ Das Gratin aus dem Ofen nehmen. Mit einem Suppenlöffel vier Vertiefungen anbringen und die Eier hineinlegen. Mit dem restlichen Käse bestreuen und nochmals für ungefähr fünf Minuten in den Ofen schieben. Der Käse soll zerfließen, aber keine Farbe annehmen. ◆ Das Gericht in der Form servieren. ◆ Beilage: Baguette oder Reis. ◆ Tip: Verlorene Eier lassen sich nur aus garantiert frischen Eiern herstellen, bei denen das Eiweiß noch eine feste, das Dotter umschließende Konsistenz hat. ◆ Tip: Das Gratin mit Tiefkühlerbsen bereiten.

Erdbeerkonfitüre

mit Duftgeranien

Zutaten für etwa 750 g Konfitüre:

500 g reife, aromatische Erdbeeren

500 g Gelierzucker (1 zu 1)

4–6 Duftgeranienblätter (Rosenpelargonien)

Twist-off-Gläser waschen, mit kochendem Wasser ausspülen und trocknen. ◆ Erdbeeren waschen, gut abtropfen lassen, das Grün entfernen. Früchte klein schneiden und mit dem Zucker in einen Topf geben. ◆ Duftgeranienblätter dazugeben und ein bis zwei Stunden Saft ziehen lassen. Konfitüre vier Minuten sprudelnd kochen, sofort in Gläser füllen, verschließen und umgedreht erkalten lassen. ◆ Tip: Duftgeranien (Rosenpelargonien) gibt es mit verschiedenen Duftnoten: Zitrone, Minze oder Orange. Für diese Konfitüre brauchen Sie eine Pflanze, deren Blätter beim Reiben einen Rosenduft verbreiten. Aromatisieren Sie auch andere Konfitüren oder Süßspeisen mit Duftgeranienblättern.

Essigsauce

mit Himbeeren zu Rehsteaks

Zutaten für 4 Personen:

- 4 Rehsteaks vom Filet, schräg geschnitten (à 180 g)
- 4 zerdrückte Wacholderbeeren
- Salz
- schwarzer Pfeffer aus der Mühle
- 60 g Butter
- 4 ungeschälte Knoblauchzehen
- 4 kleine Rosmarinnadeln
- 2 EL Himbeeressig
- 100 ml Wild- oder Fleischbrühe
- 2–3 EL Crème fraîche

Die Rehsteaks mit Wacholder, Salz und Pfeffer einreiben. Die Hälfte der Butter in einer Pfanne zerlassen und Knoblauch und Rosmarin darin rösten. Dann herausnehmen und beiseite stellen. ◆ Die restliche Butter dazugeben, heiß werden lassen und die Rehsteaks darin auf jeder Seite drei Minuten braten. Herausnehmen und warm stellen. Knoblauch und Rosmarin zurück in die Pfanne geben. ◆ Den Fond in der Pfanne mit Essig ablöschen und fast ganz verdampfen lassen. Dann die Brühe nach und nach angießen und zur Hälfte einkochen. Die Crème fraîche zur Sauce geben und abschmecken. ◆ Die Steaks auf Tellern anrichten, mit Sauce bedecken und mit dem Knoblauch und Rosmarin garnieren. ◆ Beilage: Pfifferlinge und Bandnudeln. ◆ Tip: Himbeeressig selbst herstellen – ein Pfund frischgepflückte, reife Beeren zerdrücken und in eine Flasche mit weitem Hals füllen. Mit einem Gläschen Himbeergeist, einem Viertelliter Obstessig und ebensoviel Wasser übergießen. Die Flasche fest verschlossen zwei Wochen in die Sonne stellen. Dann alles durch ein Tuch gießen und mit 100 Gramm Zucker aufkochen. Das macht den Essig haltbarer. Abschäumen, abkühlen lassen und in Flaschen füllen. Das feine Aroma des milden Himbeeressigs paßt auch gut zu grünen und Fruchtsalaten.

Feigen

Von Juli bis in den November werden frische Feigen aus dem Mittelmeerraum bei uns angeboten

Sie schmecken mildsüß und passen auch gut zu Salzigem und Scharfem

Feigen

in Rotweinsirup mit Cassis

Zutaten für 6 Personen:

½ l Rotwein
5 zerdrückte schwarze Pfefferkörner
2 cm unbehandelte Zitronenschale ohne weiße Haut, 150 g Zucker, 6 große reife Feigen
30 ml Cassis (Schwarzer Johannisbeerlikör)
etwas Zitronensaft

Den Wein mit Pfefferkörnern, Zitronenschale und Zucker zum Kochen bringen. ◆ Die Feigen in den Sud legen und bei niedriger Hitze fünf bis sechs Minuten zugedeckt kochen. ◆ Die Früchte aus dem Sud heben. Flüssigkeit durch ein Sieb gießen, wieder in den Topf geben und ohne Deckel sirupartig einkochen. Cassis zugießen und mit Zitronensaft abschmecken. ◆ Den Rotweinsirup mit Cassis über die Feigen gießen und erkalten lassen. ◆ Feigen auf Portionstellern anrichten und den Sirup darüber verteilen. ◆ Beilage: dickflüssige Schlagsahne oder Vanilleeis, Löffelbisquits und ein Minz- oder Melisseblatt. ◆ Tip: Die Feigen schmecken auch sehr gut lauwarm.

Fenchelkraut
zum Ofenfisch

Zutaten für 4 Personen:

- 1 Loup de mer (Wolfsbarsch), mindestens 1 kg schwer, oder ein anderer würziger zum Grillen geeigneter Fisch – alle Arten von Brassen, Meeräsche, ganzer Goldbarsch
- 4 EL Olivenöl, 1 Glas trockener Weißwein
- Salz, schwarzer Pfeffer aus der Mühle
- 1 große Handvoll getrocknete Fenchelzweige

Den Backofen auf 200 Grad vorheizen. Den Fisch ausnehmen, waschen, trocknen und auf beiden Seiten drei- bis viermal kreuzweise einschneiden. Zunächst mit Olivenöl, dann mit Salz und Pfeffer einreiben. ◆ Den Fisch auf einer feuerfesten Platte auf ein Bett von Fenchelzweigen legen und in den vorgeheizten Ofen schieben. Während des Bratens immer wieder mit Olivenöl einpinseln. Der Fenchel gibt durch das Erhitzen sein Aroma an den Fisch ab. ◆ Nach 20 bis 25 Minuten den fertigen Fisch mit etwas Weißwein beträufeln, aus dem Ofen nehmen und den inzwischen völlig ausgetrockneten Fenchel anzünden. Vorsicht, brennt lodernd! Flammend zu Tisch bringen. ◆ Beilage: gedünsteter, in Butter geschwenkter Fenchel und Pellkartoffeln. ◆ Tip: Anstelle von Würzfenchelzweigen können Sie auseinandergebrochene, im Ofen getrocknete Schalen von Knollenfenchel verwenden.

Fischfond

Grundrezept

Zutaten für etwa ½ Liter:

- 2 Möhren
- 1 kleines Stück Sellerie mit Grün
- 5 Zweige Petersilie
- 100 g Champignons
- 2 Schalotten oder 1 Zwiebel
- 1 EL Olivenöl
- etwa 2 kg Seezungengräten
- 200 ml trockener Weißwein
- 1 Zweig frischer Dill
- 4 schwarze Pfefferkörner (zerdrückt)
- 1 kleines Lorbeerblatt
- 1 Gewürznelke

Die Gemüse und Pilze waschen und ungeschält fein schneiden. ◆ Die Schalotten oder Zwiebel mit der Schale grob hacken. ◆ Das Olivenöl erhitzen, die Gemüse und Pilze darin andünsten. ◆ Die Gräten putzen, kalt abspülen und mit der Küchenschere in kleine Stücke schneiden. Zum Gemüse geben und kurz miterhitzen. ◆ Mit Weißwein ablöschen, die Flüssigkeit eindampfen lassen und mit vier Liter Wasser auffüllen, bis alles großzügig bedeckt ist. ◆ Dill, Pfefferkörner, Lorbeerblatt und Nelke dazugeben. ◆ 30 Minuten vor dem Siedepunkt ziehen lassen, dabei mehrmals abschäumen, der Fond wird sonst bitter; er darf deshalb auch nicht länger und sprudelnd gekocht werden. ◆ Durch ein feines Sieb gießen und die Flüssigkeit so lange einkochen, bis etwa ein halber Liter Flüssigkeit übrigbleibt. ◆ Tips: Der Fond wird am besten, wenn er in großen Mengen zubereitet wird. ◆ Weil die Gemüse in Olivenöl angedünstet werden, bekommt der Fischfond einen besonders feinen Geschmack. Fond für Süßwasserfische auf die gleiche Art zubereiten, aber dafür die Gräten von Süßwasserfischen verwenden.Geschmacklich am besten werden Fischfonds aus Gräten von frischer Seezunge oder Lachs, wobei alle Innereien weggeschnitten werden müssen. Fischhäute sollte man nicht verwenden, da sie oft tranig schmecken.

Forellenrahmsuppe

mit Mandeln

Zutaten für 4 Personen:

- 1 geräucherte Forelle
- ca. 1 kg frische Forellengräten
- 1 Stange Lauch,1 Stange Staudensellerie
- 1 Zweig Dill, 1 EL Butter und 30 g kalte Butter
- 1 Zwiebel (gewürfelt), 1 Knoblauchzehe (gepreßt)
- 300 ml trockener Weißwein
- 50 ml trockener Vermouth (Noilly Prat)
- 200 ml Schlagsahne
- 2 Eigelb und 2 EL Schlagsahne (steif geschlagen)
- Salz, schwarzer Pfeffer aus der Mühle
- Zitronensaft, 1 EL Mandelblättchen (geröstet)

Die Fischfilets auslösen. ◆ Die Gräte und die frischen Forellengräten säubern, mit einer Schere in Stücke schneiden. Das Weiße vom Lauch, den Sellerie und Dill fein schneiden. ◆ Die Butter in einer großen Pfanne schmelzen. Die Fischgräten sowie Zwiebel, Lauch, Sellerie, Dill und Knoblauch zugeben. Alles bei mäßiger Hitze andünsten. Mit Weißwein ablöschen, um zwei Drittel einkochen, den Vermouth zugießen. Wieder fünf Minuten einkochen, abschäumen. Mit Wasser auffüllen, bis Gräten und Gemüse knapp bedeckt sind, und bei milder Hitze 30 Minuten ziehen lassen, nicht sprudelnd kochen. ◆ Die Suppe erst durch ein Sieb, dann durch ein Tuch gießen. Flüssigkeit auf 300 Milliliter einkochen. ◆ Die Schlagsahne dazugießen und wieder einkochen, bis eine sämige Flüssigkeit entsteht. ◆ Eigelb und die geschlagene Sahne verrühren und die Suppe damit legieren, nicht mehr kochen. ◆ Kalte Butter flockenweise darunterschwenken. Mit Salz, Pfeffer und Zitronensaft würzen. ◆ Forellenfilets in Würfel schneiden, in heiße Tassen verteilen und die Suppe darübergießen. Mit den Mandelblättchen überstreuen. ◆ Tip: Bestreuen Sie die Suppe statt mit Mandeln auch einmal mit Dillspitzen und fügen Sie der Einlage feine Erbsen hinzu.

Fruchtsuppe

mit Mango, Champagner und Minze

Zutaten für 4–6 Personen:

50 g Zucker, 1 Tüte Vanillezucker
1 Zimtstange
je 1 Streifen dünn abgeschnittene
unbehandelte Zitronen- und Orangenschale
600 ml Champagner brut, 2 reife Mangos
200 g Beeren oder andere Früchte der Saison
(vorzugsweise Himbeeren oder Walderdbeeren)
1 Zweig Pfefferminze, Puderzucker

400 Milliliter Wasser, Zucker, Vanillezucker, Zimtstange, Zitronen- und Orangenschale aufkochen und etwa 20 Minuten ziehen lassen. Durch ein Sieb gießen und abkühlen lassen. ◆ Mit dem Champagner mischen und in vorgekühlte Teller oder Schalen verteilen. ◆ Die Mango halbieren, dabei an der flachen Seite des Steins entlang- und diesen aus einer Hälfte herausschneiden. Das Fruchtfleisch karoförmig in beiden Hälften mit einem Messer knapp bis zur Schale einritzen. Die Fruchthälften umstülpen und nun die Fruchtfleischwürfel von der Fruchtschale schneiden. ◆ Mango mit den Beeren und Früchten kurz vor dem Servieren in die Flüssigkeit legen. Pfefferminzblättchen mit Puderzucker bestreuen und das Dessert damit garnieren. ◆ Tip: gewachste Orangen- oder Zitronenschale heiß abwaschen und mit einem Tuch kräftig abreiben. Besser ganz unbehandelte Früchte verwenden. Sie bekommen sie im Reformhaus oder Ökoladen. ◆ Tip: die Suppe mit Ananas oder Papaya ausprobieren.

Gänsebraten

nach Pommerscher Art

Zutaten für 6–8 Personen:

- 1 junge Gans (etwa 4 kg)
- Salz
- 6–8 Äpfel (z. B. Boskop)
- 3–4 EL geriebenes Schwarzbrot
- 2 EL Rosinen
- 2 EL Zucker
- ⅛ l Fleischbrühe
- 1–2 EL Mehl
- schwarzer Pfeffer aus der Mühle

Den Backofen auf 200 Grad vorheizen. Die Gans ausnehmen, waschen und trockentupfen. Innen und außen mit Salz einreiben. Die Äpfel achteln und die Kerngehäuse entfernen. Das geriebene Schwarzbrot, die mit heißem Wasser gewaschenen Rosinen, etwas Salz und den Zucker mit den Apfelspalten mischen. Die Bauchhöhle damit locker füllen, die Öffnungen zunähen oder mit Holzspießen verschließen. Flügel und Keulen mit Küchengarn am Körper festbinden. ◆ Etwas Wasser in die Fettpfanne gießen, mit einem Rost abdecken, darauf die Gans mit der Brust nach unten legen und in den vorgeheizten Backofen auf die untere Schiene schieben. Eine Stunde braten, dann umdrehen. Noch rund zwei Stunden weiterbraten. Zwischendurch die Haut anstechen, damit das Fett ausbrät. Wenn nötig, wieder etwas Wasser in die Bratenpfanne gießen. ◆ 20 Minuten vor Ende der Bratzeit etwas Salzwasser über die Gänsebrust streichen und die Hitze verstärken, damit die Haut kroß wird. Die Gans nach dem Braten auf einer Bratenplatte im abgeschalteten Backofen warm halten. ◆ Den Bratfond, der sich in der Fettpfanne gesammelt hat, in einen Topf geben. Etwas Fleischbrühe in die Pfanne gießen und den Bratensatz und das Angebratene vom Pfannenrand mit einem Holzlöffel lösen. Ebenfalls in den Topf geben. Das Fett sorgfältig abschöpfen. Mehl mit kaltem Wasser glattrühren, zum Binden in die Soße rühren und kochen. Mit Salz und Pfeffer abschmecken. ◆ Beilage: Semmel- oder Kartoffelklöße oder Salzkartoffeln und Rotkohl.

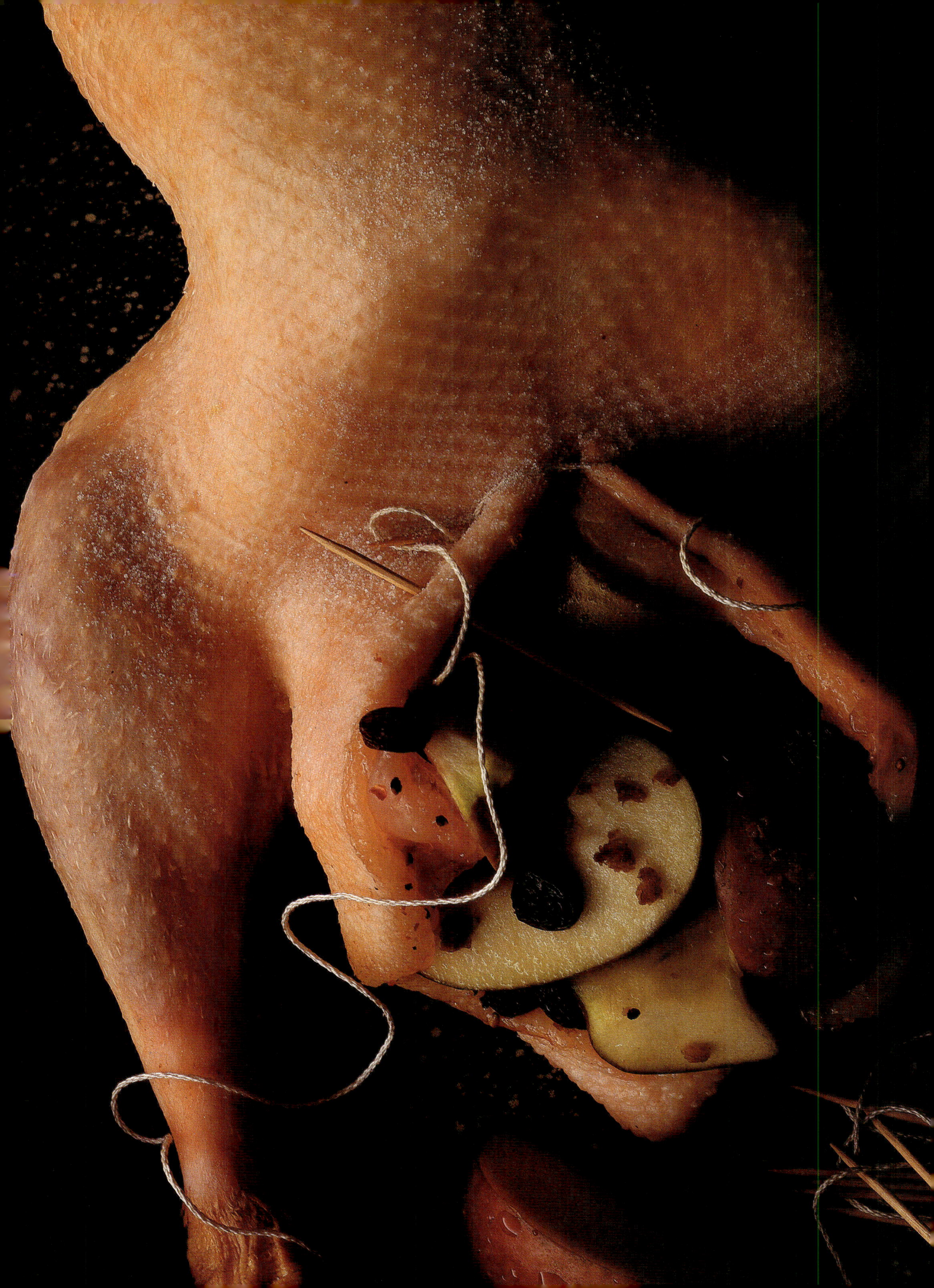

Gänsekeulen

mit Senfkruste

Zutaten für 2 Personen:

- 2 Gänsekeulen (etwa je 400 g)
- Salz
- Pfeffer aus der Mühle
- je 1 EL feiner und grober Senf
- 1 TL Rosmarin
- 1 EL Öl
- 200 ml heller Geflügelfond (evtl. aus dem Glas)
- 10 Schalotten
- 100 g Schmand oder saure Sahne

Den Backofen auf 180 Grad vorheizen. Die Haut von den Keulen abziehen und das Fett entfernen. Die Haut beiseite legen. ◆ Das Fleisch salzen, pfeffern und großzügig mit einer Mischung aus beiden Senfsorten einstreichen. Mit fein gehacktem Rosmarin bestreuen. Die Keulen in einen leicht geölten Bräter legen, in dem sie gerade Platz haben. Den Fond und soviel Wasser zugießen, daß die Keulen zu knapp einem Viertel bedeckt sind. ◆ Den Deckel auflegen und das Gänsefleisch etwa 1½ Stunden schmoren. Die Schalotten schälen und unzerteilt nach etwa 30 Minuten zum Fleisch geben. Die Haut von den Gänsekeulen fein würfeln und in einer Pfanne knusprig ausbraten. ◆ Nach Ende der Garzeit den Deckel abnehmen, den Backofen auf 220 Grad schalten. Das Fleisch kurz bräunen. ◆ Die Keulen mit den Schalotten herausnehmen und warm stellen. Den Bratfond durch ein Sieb gießen, sorgfältig entfetten und eventuell etwas einkochen. Mit Schmand oder saurer Sahne verrühren. ◆ Die Sauce mit Salz und Pfeffer nachwürzen. Die Keulen mit der Sauce und der knusprigen Haut anrichten. ◆ Beilage: Salzkartoffeln oder Semmel- oder Kartoffelklöße und grüner Salat.

Glasiertes Gemüse

zum Braten

Zutaten für 4 Personen als Beilage:

400 g gemischtes Gemüse
(Rosenkohl, Möhren, Schalotten, Zwiebeln
Zucchini, Kohlrabi, Brokkoli)
Salz
2 EL Butterschmalz
1 EL Zucker

Gemüse in möglichst gleichgroße Stücke schneiden. Salzwasser zum Kochen bringen und das Gemüse am besten in einem Sieb über dem Dampf knapp garen. ◆ Butterschmalz in einer großen Pfanne zerlassen, Zucker und zwei Eßlöffel von dem Gemüsewasser zufügen und schmelzen, bis es gerade beginnt zu bräunen. ◆ Das Gemüse zufügen, rühren und schwenken, bis es mit der Glasur überzogen ist. ◆ Beilage: Glasiertes Gemüse ist eine Beilage zu dunklen Braten und gebratenem Geflügel. ◆ Tip: Frische gekochte Kastanien schmecken glasiert sehr gut. Dazu statt Gemüsewasser etwas Bratenfond zum Zucker in die Pfanne rühren und leicht karamelisieren lassen. ◆ Tip: In Norddeutschland werden glasierte Röstkartoffeln zu Grünkohl gegessen. Dazu wird Zucker ohne Flüssigkeit mit Butter in der Pfanne geschmolzen und leicht karamelisiert. Die fertig gebratenen kleinen runden Kartoffeln in dieser Glasur nur kurz schwenken. ◆ Tip: Zucker muß beim Karamelisieren genau beobachtet werden. Er wird schnell schwarz, bitter und ungenießbar.

Granatapfel-Pilaw

aus dem Orient

Zutaten für 3 bis 4 Personen als Beilage:

250 g Basmatireis
2 gestrichene TL Salz
50 g Mandeln
1 Möhre (etwa 100 g)
1 großer Granatapfel
30 g Butter
2 EL Joghurt

Den Reis gründlich waschen und in einem Topf fingerhoch mit Salzwasser bedeckt über Nacht oder mindestens acht Stunden vorquellen lassen. ◆ Am nächsten Tag die Mandeln mit kochendem Wasser überbrühen, abschrecken, häuten und halbieren. Die Möhre schälen, grob raspeln. Den Granatapfel an der Krone mit einem spitzen, scharfen Messer mit vier Schnitten einschneiden, die Krone herauslösen und die Frucht von der Öffnung her auseinanderbrechen. Vorsichtig die Kerne herauslösen und die dünnen Zwischenhäute entfernen. ◆ Den Reis in einem Sieb abtropfen lassen, das Einweichwasser auffangen. Einen Liter Wasser mit dem Einweichwasser zum Kochen bringen und den Reis darin fünf Minuten sprudelnd kochen. In ein Sieb geben und gut abtropfen lassen. ◆ In einem Topf mit großflächigem Boden die Butter erhitzen und mit 20 ml Wasser sowie dem Joghurt vermengen. Den Reis mit den geraspelten Möhren und den Mandeln mischen und pyramidenartig in den Topf schichten. Den Topfdeckel mit zwei Küchentüchern umwickeln und darauflegen. ◆ Den Pilaw weitere 20 Minuten bei sehr milder Hitze ausquellen lassen. Dann mit den Granatapfelkernen vermengt auf einer vorgewärmten Platte anrichten. ◆ Beilage: Hackbällchen oder Frikadellen und gebratenes oder gegrilltes Rindfleisch.

◆ Tip: Besonders delikat ist die kroß-braune Kruste, die sich am Topfboden bildet.

Grünkohl

mit glasierten Maronen

Zutaten für 4 Personen:

- **1,5 kg junger, zarter Grünkohl am Strunk**
- **300 g Eßkastanien**
- **4 Schalotten**
- **60 g Butter**
- **Salz**
- **weißer Pfeffer aus der Mühle**
- **100 ml trockener Roséwein**
- **10 g Zucker**
- **20 g Honig**
- **75 g Crème double**

Die Grünkohlblätter von den Strünken lösen, holzige Stiele entfernen und die Blätter gründlich waschen. In einen großen Topf mit Siebeinsatz etwa zehn Zentimeter hoch Wasser einfüllen und den Kohl in das Sieb darüber geben. 15 Minuten bei Mittelhitze dämpfen. ◆ In der Zwischenzeit die Kastanien an den spitzen Enden mit einem scharfen Messer kreuzweise einschneiden. Einen Liter Wasser mit einem halben Teelöffel Salz zum Kochen bringen und die Kastanien je nach Größe 15 bis 20 Minuten sprudelnd kochen lassen, schälen und die braune Haut abziehen. ◆ Die Schalotten abziehen und in kleine Würfel schneiden. Den vorgegarten Grünkohl nicht zu fein hacken. 30 Gramm Butter in einer großen Kasserolle erhitzen und die Schalotten darin glasig andünsten. Dann portionsweise den Grünkohl zufügen und unter Wenden kurz mit andünsten. ◆ Alles mit Salz und Pfeffer würzen und mit dem Wein aufgießen. Den Kohl zugedeckt 20 Minuten bei Mittelhitze garen, zwischendurch umrühren. Eventuell etwas Flüssigkeit zugeben. ◆ Unterdessen die Maronen in einer beschichteten Pfanne nebeneinander in der restlichen Butter anbraten. Zucker und Honig darübergeben und die Maronen unter Wenden glasieren und warm stellen. ◆ Den Grünkohl nochmals abschmecken und die Crème double unterrühren. In eine vorgewärmte Servierschüssel geben und die glasierten Maronen drumherum anrichten. ◆ Beilage: Geflügel, Schweine- oder Sauerbraten.

Guaven
mit Orangen-Zabaione

Zutaten für 4 Personen:

4 Guaven (möglichst kernlose)

1 Orange, 1 EL Zitronensaft

6 EL Orangensaft, 1 EL Zitronensaft

40 g Zucker, 3 Eigelb

Pfefferminzblätter

Die Guaven schälen, achteln und, wenn vorhanden, die Kerne vorsichtig entfernen. ◆ Die Orange auspressen, die Guaven in Orangen- und Zitronensaft etwa eine Stunde marinieren. ◆ Für die Orangen-Zabaione den Orangen- und Zitronensaft mit dem Zucker und dem Eigelb in eine Schüssel geben, dann in ein heißes Wasserbad stellen und mit dem Schneebesen oder Handmixer so lange schlagen, bis eine schaumige Creme entsteht. Danach sofort kalt schlagen, damit sie nicht gerinnt. ◆ Die Guavenschnitze in großen Gläsern anrichten, mit der Orangen-Zabaione bedecken. Mit Pfefferminzblättern garnieren. ◆

Tip: verschiedene exotische Früchte kleinschneiden, marinieren und mit der Zabaione anrichten.

Gurkenkaltschale

mit Krabben

Zutaten für 4 Personen:

2 Salatgurken, ½ Knoblauchzehe
400 g saure Sahne oder Sahnejoghurt
Salz, weißer Pfeffer aus der Mühle
Saft einer halben Zitrone,100 g Krabbenfleisch
2 EL frische Minzeblätter (kleingeschnitten)

Die Gurken schälen, längs halbieren, entkernen und in Stücke schneiden oder hobeln. Mit dem Knoblauch im Mixer pürieren. Mit der sauren Sahne vermischen und mit Salz, Pfeffer und Zitronensaft abschmecken. ◆ Mindestens zwei Stunden vor dem Anrichten zugedeckt in den Kühlschrank stellen. Auf Teller verteilen, einige Krabben hineingeben und mit Minze bestreuen. ◆ Beilage: Baguette mit Butter. ◆ Tip: statt Minze viel gehackten Dill – oder im Sommer Borretsch – in die Suppe rühren und mit den blauen Blüten garnieren. ◆ Tip: Gut schmecken darin auch gehackte Walnüsse.

Hefebrötchen

mit Korinthen

Zutaten für 16 Brötchen:

500 g Weizenmehl Type 405 und
Mehl zum Bearbeiten
50 g brauner Zucker
1 TL Salz
25 g frische Hefe
50 g geschmolzene, abgekühlte Butter
1 Ei
200 g Korinthen
Milch zum Bestreichen

Das Mehl in eine Schüssel sieben, den Zucker und das Salz darüberstreuen. Die Hefe in 150 ml lauwarmem Wasser auflösen und mit der Butter und dem Ei zum Mehl geben. Alles gründlich mindestens zehn Minuten lang verkneten, bis der Teig nicht mehr am Schüsselrand klebt. Mit Frischhaltefolie und einem Tuch abdecken und an einem warmen Ort 30 Minuten gehen lassen. ◆ Danach erneut kräftig kneten und dabei nach und nach die Korinthen einarbeiten. Den Teig in 16 Stücke schneiden und auf einer bemehlten Fläche runde Brötchen formen. ◆ Das Backblech mit Backpapier auskleiden und die Brötchen daraufsetzen. Mit einem Tuch bedeckt weitere 45 Minuten gehen lassen. ◆ Den Backofen auf 200 Grad vorheizen. Die Brötchen mit Milch bestreichen und in 15 bis 20 Minuten goldbraun backen. ◆ Beilage: Butter. ◆ Tip: Schnell, sauber und einfach wird Hefeteig in einer Küchenmaschine mit dem Knetmesser oder mit dem Knethaken des Handrührers hergestellt. Zum Schluß einmal kurz mit den Händen durcharbeiten. ◆ Tip: Geben Sie ein Schälchen Wasser auf den Ofenboden, dadurch geht der Hefeteig etwas besser auf. ◆ Tip: Die doppelte Menge backen und noch warm einfrieren.

Holundersaft

in roter Grütze

Zutaten für 4 Personen:

¼ l Holundersaft
¼ l Johannisbeer- oder Kirschsaft
125 g Zucker, 60 g Speisestärke
1 kg entsteinte Sauerkirschen und
Beerenfrüchte (z. B. Erdbeeren, Brombeeren,
Blaubeeren, Johannisbeeren)

Säfte mit dem Zucker zum Kochen bringen. Speisestärke mit 200 ml kaltem Wasser anrühren und in dünnem Strahl unter ständigem Rühren mit dem Schneebesen dazugießen. Einmal kräftig aufkochen. ◆ Früchte dazugeben, noch einmal aufkochen und in eine Schüssel füllen, erkalten lassen. ◆ Beilage: Vanillesauce oder dickflüssig geschlagene, leicht gesüßte Sahne. ◆ Tip: Holundersaft bekommen Sie im Reformhaus oder Ökoladen. ◆ Tip: Für selbstgekochten Saft im Spätsommer Holunder ernten, Beeren mit einer Gabel von den Dolden streifen, mit etwas Wasser aufkochen und durch ein Safttuch ablaufen lassen. Den Saft in Flaschen sterilisieren oder einfrieren.

Hummersuppe

mit Jakobsmuscheln

Zutaten für 4 Personen:

1 kleine Fenchelknolle, 1 Möhre
1 Stange Staudensellerie, 600 ml Fischfond
Salz, 200 ml trockener Weißwein
1 Messerspitze Safranpulver
1 Prise Safranfäden, 1 Tomate
1 EL Pernod oder Noilly Prat
2 große frische Jakobsmuscheln (ausgelöst)
1 kleiner gekochter Hummer (etwa 500 g)
1 Zweig Dill

Fenchel und Sellerie in feine Streifen, Möhre in dünne Scheiben schneiden. ◆ Gemüse in einem Sieb über Salzwasser getrennt knapp weich dämpfen und leicht nachsalzen. ◆ Den Fischfond mit dem Weißwein um ein Drittel einkochen. ◆ Safranpulver, -fäden sowie den Pernod oder Noilly Prat dazugeben. ◆ Tomaten mit kochendem Wasser übergießen, abziehen, Stielansatz herausschneiden, Kerne auslösen und das Fruchtfleisch in kleine Würfel schneiden. Die Jakobsmuscheln leicht mit Salz würzen und halbieren. Den Hummer auslösen, in Stückchen schneiden und mit den Jakobsmuscheln und den Gemüsen in sehr heiße Suppentassen oder auf Teller verteilen. ◆ Mit dem kochendheißen Fond auffüllen. ◆ Mit Dill garnieren, die Tomatenwürfel einstreuen und sofort servieren. ◆ Tip: Safran bekommen Sie in Delikateßläden oder auch in Kleinstmengen in der Apotheke. ◆ Tip: Anstelle von Hummer Langusten-, Garnelen- oder Krebsfleisch in die Suppe geben.

Joghurtmarinade

zum orientalischen Huhn

Zutaten für 4 Personen:

- 20 g Tamarinde abziehen
- 1 etwa walnußgroßes Stück frischer Ingwer
- 1–2 Knoblauchzehen, 2 TL gemahlener Koriander
- 1 TL gemahlener Kreuzkümmel
- 1 TL gemahlener Kurkuma
- ½ TL gemahlenes Zitronengras
- ¼ TL Cayennepfeffer, 1 TL Salz
- 1 TL Essig, 350 g Vollmilchjoghurt
- 1 frisches Huhn (etwa 1 kg)
- Butter für den Topf

Die Tamarinde in eine Tasse geben und mit fünf Eßlöffeln heißem Wasser bedeckt 15 Minuten einweichen. Dann die Tamarinde mit dem Wasser gründlich verkneten. Den so entstandenen Brei durch ein feinmaschiges Sieb in eine Rührschüssel passieren. ◆ Den Ingwer schälen und fein reiben. Knoblauch schälen und pressen. Beides mit den Gewürzen, dem Salz und dem Essig zu dem Tamarindenbrei geben und gut vermengen. ◆ Eine Kaffeefiltertüte in ein Spitzsieb stecken, Joghurt einfüllen und die Molke 15 Minuten abtropfen lassen. Das Huhn häuten, mit der Geflügelschere in vier Teile schneiden. Größere Fettschichten abschneiden. ◆ Joghurt mit der vorbereiteten Gewürzpaste vermengen. Einen ofenfesten Schmortopf mit Butter ausstreichen. Die Hühnerteile mit einem Backpinsel von allen Seiten mit der Joghurtmarinade bestreichen und nebeneinander in den Topf legen. Mit Klarsichtfolie bedeckt drei Stunden im Kühlschrank marinieren. ◆ Backofen auf 200 Grad vorheizen. Das Huhn darin 50 Minuten garen. ◆ Beilage: duftiger Basmatireis sowie in Butter gebratene Bananen oder gedünstetes Gemüse wie Möhren, Blumenkohl oder ein grüner Salat. ◆ Tip: Tamarinde gibt es in Asienläden.

Johannisbeersauce

zur Entenbrust

Zutaten für 2 Personen:

- 2 kleine weiße Zwiebeln
- 150 g rote Johannisbeeren
- 5 kleine Zweige frischer Thymian
- 300 g Entenbrustfilet
- 2 EL geschmacksneutrales Öl
- 4 TL Honig
- 2 cl Cognac
- Salz
- schwarzer Pfeffer aus der Mühle
- 2 TL Zucker

Die Zwiebeln abziehen und in Würfel schneiden. Die Johannisbeeren abbrausen, mit einer Gabel abstreifen. Die Thymianblättchen von den Stielen lösen. Jeweils zwei schöne Johannisbeerrispen und zwei Zweige Thymian zum Garnieren beiseite legen. Die Entenbrust kalt abspülen und mit Küchenkrepp trockentupfen. Das Öl in der Pfanne erhitzen, das Fleisch bei starker Hitze von jeder Seite vier Minuten braten. ◆ Den Backofen auf 75 bis 80 Grad vorheizen. Die Entenbrust in der Pfanne bei schwacher Hitze von beiden Seiten weitere drei Minuten braten. Anschließend mit zwei Teelöffeln Honig einstreichen und in fünf Minuten fertig garen. Aus der Pfanne nehmen, in Alufolie wickeln und im Backofen warm stellen. ◆ Bis auf zwei Eßlöffel das aus der Entenbrust ausgetretene Fett aus der Pfanne gießen. Die Zwiebelwürfel darin glasig dünsten und mit dem Cognac und 200 Milliliter Wasser ablöschen. ◆ Johannisbeeren, restlichen Honig, Thymian, Salz und Pfeffer zugeben und die Sauce 15 Minuten bei schwacher Mittelhitze einkochen, bis die Zwiebeln weich sind. Dann durch ein feinmaschiges Sieb streichen. Nach Geschmack mit Zucker abschmecken. ◆ Die Entenbrust leicht mit Pfeffer und Salz würzen, in dünne Scheiben schneiden. Auf vorgewärmten Tellern anrichten, mit der Sauce umgießen. Mit Thymianzweigen und Johannisbeerrispen garnieren. ◆ Beilage: Bandnudeln oder Spätzle. ◆ Tip: In der Hauptsaison Johannisbeeren als ganze Rispen gewaschen und gut abgetropft für den Vorrat einfrieren. Sie lassen sich in noch gefrorenem Zustand besonders leicht abstreifen.

Kabeljau

in Thymian-Zitronen-Sauce

Zutaten für 4 Personen:

800 g Kabeljaufilet
Salz
frisch gemahlener weißer Pfeffer
Saft von zwei Zitronen
frischer Thymian
6–7 EL Olivenöl
½ Bund glatte Petersilie

Das Fischfilet kalt abspülen und trockentupfen. Mit Salz und Pfeffer einreiben und mit dem Saft einer Zitrone beträufeln. ◆ Die Thymianblättchen von den Zweigen streifen und über den Fisch streuen. In Alufolie wickeln und eine Stunde im Kühlschrank marinieren. ◆ Den Backofen auf 200 Grad vorheizen. Den Boden einer feuerfesten Form mit zwei Eßlöffeln Olivenöl einstreichen und die Fischstücke nebeneinander hineinlegen. Mit weiteren drei Eßlöffeln Olivenöl beträufeln und mit einem Deckel oder mit Alufolie verschließen. Im vorgeheizten Ofen etwa 15 Minuten garen. ◆ Die Petersilie fein hacken. Das restliche Öl über den Fisch träufeln, Petersilie darüberstreuen und in der Form auftragen. Die zweite Zitrone in Schnitze schneiden und extra dazu reichen. ◆ Beilage: gegrillte Tomaten, gedünstete grüne Bohnen und Salzkartoffeln. ◆ Tip: Auch andere Fischfilets, zum Beispiel Rotbarsch, Lengfisch oder Seelachsfilet, können nach diesem Rezept zubereitet werden.

Kalbshaxe

Mailänder Art

Zutaten für 6 Personen:

1 Kalbshaxe (beim Einkauf in 5–6 cm dicke Scheiben sägen lassen)
Salz, schwarzer Pfeffer aus der Mühle
Mehl zum Wälzen, 50 g Butterschmalz
2 EL Olivenöl, 1 Tasse fein gehackte Zwiebeln
150 g fein gehackte Möhren
150 g fein gehackter Staudensellerie
1 TL fein gehackter Knoblauch
1 Glas trockener Weißwein
½ TL Thymian, 2 Lorbeerblätter
1 Zweig Rosmarin, 4 Petersiliensträußchen
4 Tomaten (gehäutet, entkernt, grob gehackt und abgetropft), Rinder- oder Hühnerbrühe
1 EL abgeriebene Zitronenschale
1 TL fein gehackter Knoblauch
3 EL fein gehackte Petersilie

Die Fleischscheiben mit Küchengarn um den Knochen festbinden, damit sie beim Garen nicht die Form verlieren. Einen schweren Schmortopf mit gut schließendem Deckel wählen, der gerade groß genug ist, die Fleischstücke nebeneinander liegend anzuordnen. ◆ Fleischscheiben mit Salz und Pfeffer würzen, in Mehl wälzen und überschüssiges Mehl abklopfen. Butterschmalz und Olivenöl im Schmortopf erhitzen und die Scheiben von beiden Seiten anbraten, bis sie gebräunt sind; falls nötig, mehr Öl hinzufügen. Fleisch aus dem Topf nehmen und beiseite stellen. ◆ In dem Fett jetzt die Zwiebeln, Möhren, Sellerie und den Knoblauch unter ständigem Rühren so lange andünsten, bis das Gemüse leicht gebräunt ist. Den Backofen auf 175 Grad vorheizen. So viel Fett wie möglich aus dem Bräter abgießen. Die angebratenen Haxenscheiben nebeneinander auf das Gemüse in den Bräter geben. Den Wein zugießen, sämtliche Gewürze, auch die Petersiliensträußchen, und die Tomaten hinzugeben und so viel Brühe dazugießen, daß die Fleischscheiben bis zur halben Höhe darinliegen. ◆ Auf dem Herd das Ganze zum Kochen bringen, zudecken und dann im unteren Drittel des Backofens unter gelegentlichem Begießen schmoren; dabei die Hitze so weit reduzieren, daß das Gericht nur leise schmort. Das dauert etwa eine Stunde und 15 Minuten. Sollte die Flüssigkeit sehr stark einkochen, noch Brühe zugießen. ◆ Für die Gremolata Zitronenschale, Knoblauch und Petersilie miteinander vermischen. ◆ Die Kalbfleischstücke vorsichtig in einer vorgewärmten Schüssel anrichten und mit einem Löffel Sauce und Gemüse darum herum verteilen. Die Gremolata über Knochenmark und Fleisch geben. ◆ Beilage: Reis oder Bandnudeln.

Kartoffeln

Im 16. Jahrhundert schmückte sie nur als Zierpflanze fürstliche Parks und Gärten weitgereister Kaufleute. Friedrich der Große erkannte um 1720 den Wert der Knolle und sorgte dafür, daß die Bauern sie auch anbauten

Feinschmecker kaufen nicht einfach Kartoffeln, sondern Sorten, die sie kennen

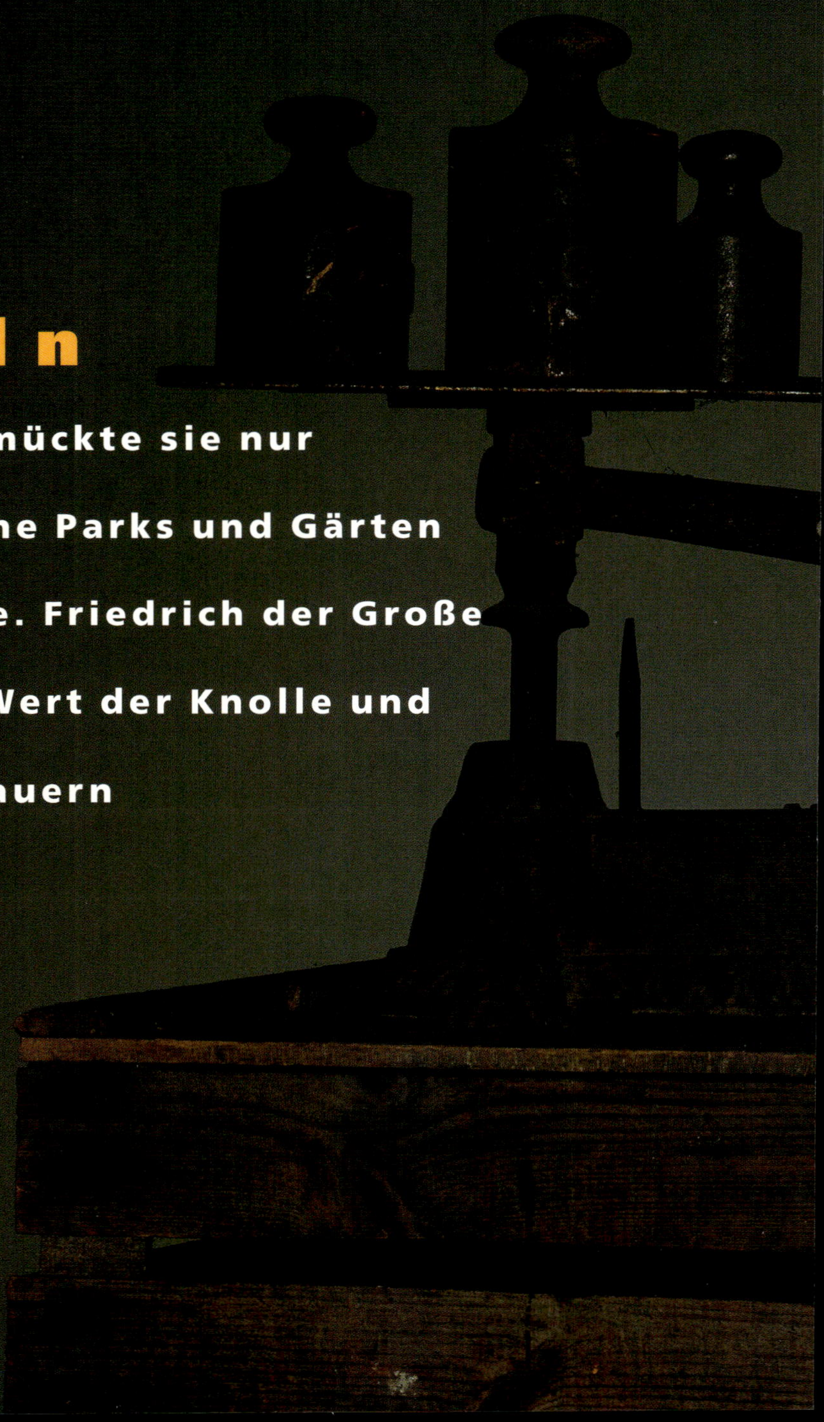

Kartoffeln

vom Blech mit Schinkenspeck und Rosmarin

Zutaten für 4 Personen:

- 1 kg neue, große Kartoffeln (vorwiegend festkochend), Salz
- 120 g magerer Südtiroler Schinkenspeck
- 1 Bund Frühlingszwiebeln
- 2 Knoblauchzehen
- 1 kleiner Zweig frischer Rosmarin
- 6 EL Olivenöl
- grob zerstoßener, schwarzer Pfeffer

Die Kartoffeln gründlich waschen und bürsten und in einem Topf, mit Salzwasser bedeckt, zehn Minuten vorgaren. Kartoffeln abgießen. Die Kartoffeln in ein Zentimeter große Würfel schneiden und in eine Schüssel geben. ◆ Den Backofen auf 225 Grad vorheizen. Den Speck klein würfeln. Die Frühlingszwiebeln putzen, waschen, dann in Scheibchen schneiden. Den Knoblauch abziehen und fein hacken. Vom Rosmarin die Nadeln abzupfen. Diese Zutaten in die Schüssel geben und vermischen. ◆ Olivenöl darüberträufeln. Mit Salz und Pfeffer würzen, mischen und auf einem Backblech verteilen. Das Blech in den oberen Backofenbereich schieben und die Kartoffeln zehn Minuten backen. ◆ Blech aus dem Ofen nehmen und die Zutaten wenden. Ofen auf 250 Grad schalten. Die Kartoffeln in weiteren zehn Minuten im oberen Backofenbereich fertigbacken und sofort servieren. ◆ Beilage: grüner Salat.

Kartoffelrouladen

mit Pfifferlingen

Zutaten für 4 Personen:

- 600 g möglichst kleine Pfifferlinge (geputzt)
- 400 g Porree (in dünne Ringe geschnitten)
- 100 g Butter
- 300 ml Schlagsahne
- Salz, schwarzer Pfeffer aus der Mühle
- 6 mittelgroße festkochende Kartoffeln
- 2 Eiweiß
- 1 Zweig Thymian
- Öl zum Braten
- 1 Bund junge Möhren
- 40 ml Weißwein
- ½ l Gemüsefond

500 Gramm Pfifferlinge und den Porree in 20 Gramm Butter andünsten, mit etwas Sahne begießen und einkochen. Mit Salz und Pfeffer abschmecken und abkühlen lassen. ◆ Die geschälten Kartoffeln längs in hauchdünne Scheiben hobeln. Kartoffelscheiben salzen, zwei Minuten stehen und Wasser ziehen lassen; ausdrücken. Anschließend pfeffern und mit dem Eiweiß und den abgezupften Thymianblättchen vermengen. Vier Portionen schuppenartig überlappend auf trockene Tücher legen. ◆ Etwa einen Eßlöffel von dem Pfifferlingsragout jeweils in die Mitte geben und mit Hilfe des Tuches fest zusammenrollen. In heißem Öl ringsum gut anbraten. ◆ Inzwischen die Möhren putzen und in etwas Butter zugedeckt garen. ◆ Die restlichen Pfifferlinge in Butter andünsten. Restliches Pfifferlingsragout dazugeben, mit dem Wein ablöschen, den Gemüsefond dazugießen und alles gut weichkochen. Dann im Mixer pürieren, durch ein Sieb gießen, restliche Schlagsahne dazugeben und etwas einkochen. Restliche kalte Butter in Würfel schneiden und mit dem Pürierstab des Handrührers einarbeiten und dabei aufschäumen. ◆ Kartoffelrouladen in der Mitte quer durchschneiden, auf vorgewärmten Tellern anrichten und die Möhren dazulegen. Mit der schaumig gerührten Sauce umgießen. ◆ Tip: Dazu paßt Rotwein.

Kartoffelsalat

mit schwarzen Oliven und Sardellenfilets

Zutaten für 4 Personen:

- 750 g Kartoffeln, 1 Bund glatte Petersilie
- 100 g kleine schwarze Oliven, 2 EL Kapern
- ½ gepreßte Knoblauchzehe
- 2–3 EL Weißweinessig, 5–6 EL Olivenöl
- 12 ungerollte Sardellenfilets in Öl
- Salz, schwarzer Pfeffer aus der Mühle

Die Kartoffeln kochen, pellen und in dicke Scheiben schneiden. Auf einer flachen Platte fächerartig anrichten. Die Petersilie in feine Streifen schneiden. ◆ Petersilie, Oliven und Kapern über die Kartoffelscheiben streuen. ◆ Für die Salatsauce Knoblauch, Essig und Olivenöl mit Pfeffer verrühren und über den Salat träufeln, nicht mischen. Mit den Sardellenfilets garnieren. Zugedeckt etwa 30 Minuten bei Zimmertemperatur ziehen lassen. ◆ Tip: Kartoffelsalat wird saftiger und braucht weniger Öl, wenn die gekochten Kartoffelscheiben zuerst mit etwas warmer Geflügel- oder Kalbsbrühe begossen werden. Die Scheiben müssen darin abkühlen und werden sich dabei vollsaugen.

Kaviar

in Kuppeln vom Räucherlachs

1 Bund Schnittlauch
100 g saure Sahne
Salz, Cayennepfeffer
2–4 TL trockener Vermouth
400 g Räucherlachs (150 g in dünne Scheiben geschnitten, 250 g fein gewürfelt)
je 1 TL Distel- und Haselnußöl
gemahlener Koriander
1–2 TL Limettensaft
4 Cornichons, 50 g Kaviar

Für eine Sauce Schnittlauch in Röllchen schneiden, mit der sauren Sahne verrühren, mit Salz, Cayennepfeffer und ein bis zwei Teelöffel Vermouth würzen. ◆ Für Lachskuppeln kuppelartige Förmchen, zum Beispiel Tassen, zuerst mit Klarsichtfolie, dann mit den Räucherlachsscheiben auslegen. ◆ Räucherlachswürfelchen mit Distel- und Haselnußöl vermengen, mit Koriander, Cayennepfeffer, Limettensaft und restlichem Vermouth würzen. Cornichons sehr fein würfeln und unterheben. ◆ Die Hälfte vom Lachstatar in die Förmchen füllen, darauf den Kaviar verteilen, etwas von der Schnittlauchsauce daraufgeben, restliches Tatar einfüllen, die Lachsscheiben darüberfalten und gut andrücken, kalt stellen. ◆ Zum Anrichten die Lachskuppeln auf Teller stürzen und die restliche Schnittlauchsauce darübergießen. ◆ Beilagen: in Olivenöl gedünstete warme Kartoffelscheiben und Miniartischocken, Frisée- und Radicchioblätter, Cornichonstreifen und Limettenfilets.

Kirsch-Clafoutis

warm

Zutaten für 4 Personen:

500 g dunkle feste Süßkirschen
3 Eier (Kl. L), 3 EL Puderzucker
4–5 Tropfen Orangenblütenwasser oder Kirschwasser, 125 ml Milch
4 leicht gehäufte EL Mehl, Butter für die Form
1 EL Zucker zum Bestreuen

Die Kirschen waschen, gut abtropfen lassen und so entsteinen, daß sie ganz bleiben. ◆ Die Eier aufschlagen, Puderzucker und Orangenblütenwasser oder Kirschwasser zufügen und verquirlen. Milch unterrühren. Mehl darübersieben und ebenfalls unterrühren. Der Teig wird recht flüssig. Eine flache Gratin- oder Quicheform von 26 bis 28 Zentimeter Durchmesser gut mit Butter einstreichen. ◆ Die Kirschen gleichmäßig in der Form verteilen. Mit dem Teig übergießen. Die Form im vorgeheizten Backofen bei 200 bis 225 Grad auf der unteren Schiene 30 Minuten backen, aus dem Ofen nehmen, etwas abkühlen lassen, mit Zucker bestreuen und sofort servieren. ◆ Tip: Wenn tiefgekühlte Kirschen verwendet werden, dann diese noch gefroren in den Teig geben, damit sie nicht so ausbluten. In dem Fall den Clafoutis zehn Minuten länger backen.

Knoblauch-Tortilla

aus Spanien

Zutaten für 6 Personen:

500 g Kartoffeln
3–4 EL Olivenöl
Salz
schwarzer Pfeffer aus der Mühle
2 Knoblauchknollen
6 Eier
1 Bund Basilikum

Die Kartoffeln schälen und grob raffeln. In einer beschichteten Pfanne (Durchmesser 24 Zentimeter) in etwa der halben Menge Öl bei milder Hitze zugedeckt langsam dünsten, dabei salzen und pfeffern. ◆ Die Knoblauchzehen abziehen und in Scheiben schneiden. Zu den Kartoffeln geben, sobald diese fast weich geworden sind, und einige Minuten mitdünsten. ◆ Die Eier in einer großen Schüssel verquirlen. Den gesamten Pfanneninhalt sowie das feingeschnittene Basilikum untermischen. Noch einmal prüfen, ob es genügend gesalzen ist: Die Kartoffeln schlucken eine Menge! ◆ Die Pfanne heiß werden lassen, das restliche Öl erhitzen, die Eier-Kartoffel-Masse hineingeben und zugedeckt bei mittlerer Hitze etwa 25 Minuten sanft stocken lassen. Das etwa drei Zentimeter dicke Omelett erst wenden, wenn es rundum, auch an der Oberseite, fast fest ist. Auf der zweiten Seite noch etwa fünf Minuten garen. ◆ Beilage: grüner oder gemischter Salat. ◆ Tip: Zum Wenden einen großen, flachen Deckel oder Teller auf die Pfanne legen, beides stürzen und die Tortilla vom Deckel zurück in die Pfanne gleiten lassen.

Knödel

aus Vollkornsemmeln

Zutaten für 4 Personen:

- 8 Vollkornbrötchen (1 bis 2 Tage alt)
- 350 ml Milch
- 1 kleine Zwiebel
- 10 g Butter
- 1 EL gehackte Petersilie
- 3 Eier (Kl. M)
- Salz

Die Brötchen in etwa zwei mal zwei Zentimeter große Würfel schneiden. Mit kochender Milch übergießen und abgedeckt 15 Minuten ziehen lassen. ◆ Die Zwiebel abziehen und würfeln, in der heißen Butter glasig dünsten und mit der gehackten Petersilie und den Eiern zu den Brötchen geben. Alles kurz zu einem Teig vermengen. Mit Salz abschmecken. ◆ Einen Probeknödel formen und in kochendes Salzwasser legen. Wenn der Knödel zu sehr zerfällt, fügen Sie dem Teig noch etwas Semmelmehl hinzu. ◆ Den Teig in acht Portionen teilen, mit nassen Händen zu glatten Knödeln formen und in das kochende Salzwasser legen. Kurz aufkochen und anschließend im halb abgedeckten Topf 20 Minuten gar ziehen lassen. Mit einer Schaumkelle aus dem Wasser heben, abtropfen lassen und sofort servieren. ◆ Beilage: grüner Salat und Gerichte mit viel Sauce, wie zum Beispiel Rouladen, Sauerbraten und Gulasch. ◆ Tip: mit anderen Kräutern wie zum Beispiel Thymian, Rosmarin oder Majoran würzen.

Kokos

in Hühnersuppe mit Zitronengras

Zutaten für 4 Personen:

- ½ l Hühnerbrühe, 2–3 Kaffirzitronenblätter
- 1 Zitronengrasstengel
- 1 Stück Ingwerwurzel (etwa 1 cm dick)
- 3 EL Fischsauce, 3 EL Zitronensaft
- ¼ l ungesüßte Kokossahne aus der Dose
- 2 rote Chilischoten
- 150 g Hähnchenbrustfilet
- Koriandergrün

Brühe, kleingezupfte Zitronenblätter, in zentimeterlange Stücke geschnittenes Zitronengras, gehackten Ingwer, Fischsauce, Zitronensaft und Kokossahne aufkochen. ◆ Die Chilischoten waschen, längs aufschneiden, die Kerne auslösen, die Schoten in hauchdünne Streifen schneiden und zur Brühe geben. Dabei mit Gummihandschuhen arbeiten oder hinterher die Hände sorgfältig waschen. ◆ Das Hähnchenfleisch quer zur Faser in feine Scheiben schneiden und in der Brühe ganz kurz gar ziehen lassen. ◆ Suppe in Portionsschälchen verteilen und mit gezupften Korianderblättchen bestreuen. ◆ Tip: Diese würzige und belebende Suppe ißt man nicht nur als Vorspeise, sie kann ein ganzes Menü begleiten: Man nimmt sich immer wieder ein paar Löffel davon, um den Reis damit zu würzen und zu befeuchten. Im selben Sud kann man auch Garnelen oder kleingeschnittene Fischfiletstückchen gar ziehen lassen.

Kräuter

Ob Borretsch oder Brennessel, ob Mohn oder Malve – die besten Köche besinnen sich alter, schon fast vergessener Kräuter, um ihre Gerichte mit ihnen zu bereichern

Viele Kräuter sprießen wie Unkraut im Garten oder am Wegesrand

Kräuterei

Mimosa

Zutaten für 4 Personen:

- 6 hartgekochte Eier, 2 EL Sahnequark
- ½ TL Senf
- 50 g gekochter Schinken (fein gewürfelt)
- Salz, schwarzer Pfeffer aus der Mühle
- 4 Tropfen Tabasco
- je 1 Zweig Estragon, Kerbel und Petersilie
- 100 g Kresse, 1 EL Essig, 3 EL Sonnenblumenöl

Die Eier längs halbieren, Eigelb herauslösen. ◆ Zwei Eigelb durch ein Sieb zum Quark streichen. Senf, Schinken, Salz, Pfeffer und Tabasco zugeben. Glattrühren. ◆ Zwei weitere Eigelb durchstreichen und mit den feingehackten Kräutern mischen. ◆ Eihälften mit der Quark-Schinken-Masse füllen, zusammensetzen und in der Kräuter-Ei-Masse sorgfältig drehen. ◆ Auf Kresse anrichten. Essig und Sonnenblumenöl mischen, Kresse damit beträufeln. ◆ Die restlichen zwei Eigelb mit einem Löffel durch ein feines Sieb streichen und direkt über die angerichteten Eier streuen. ◆ Beilage: frisches Baguette. ◆ Tip: Verändern Sie die Kräutermischungen, zum Beispiel: Schnittlauch, Basilikum, Thymian und, wenn Sie bekommen, auch Zitronenthymian.

Kürbisravioli

mit Zimtzucker

Zutaten für 4 Personen:

- 150 g Mehl und Mehl zum Bearbeiten
- 1 gestrichener TL Salz
- 2 Eier
- 1 TL Öl
- 200 g Kürbisfleisch
- 2 EL Honig
- 1½ TL Zimt
- 1 Prise Ingwerpulver
- abgeriebene Schale einer Zitrone
- 2 Eigelb
- 50 g Brotbrösel
- 2 Eiweiß (verquirlt)
- 1 TL Salz
- 50 g Zucker
- 50 g Butter

Für den Teig das Mehl in eine Schüssel sieben, eine Mulde hineindrücken. Fünf Eßlöffel Wasser, Salz, Eier und das Öl miteinander verrühren, in die Mehlmulde gießen und zu einem Teig zusammenkneten. ◆ Den Teig aus der Schüssel nehmen und mit wenig zusätzlichem Mehl kneten, bis er samtig weich wird. ◆ Eine irdene Schüssel mit kochendem Wasser füllen und kurz stehen lassen. Wasser wegschütten und die nasse, heiße Schüssel über den Nudelteig stülpen, mindestens 30 Minuten ruhen lassen. ◆ Inzwischen die Füllung zubereiten: Das Kürbisfleisch in Würfel schneiden und im Mixer fein pürieren. In eine Pfanne geben und bei mäßiger Hitze unter Rühren so lange kochen, bis ein trockenes Püree entsteht. Abgekühlt mit Honig, ½ TL Zimt, Ingwer, Zitronenschale und Eigelb mischen. ◆ Den Ravioli-Teig portionsweise zu nudeldünnen Rechtecken ausrollen. ◆ Die eine Teighälfte im Abstand von etwa 5 Zentimetern mit sehr kleinen Brotbröselhäufchen belegen. Darauf die Kürbismasse, ebenfalls als Häufchen, verteilen. Rundum mit verquirltem Eiweiß bepinseln. Die freie Teighälfte locker darüberlegen und den Teig jeweils gut andrücken. ◆ Mit einem Ausstechring Ravioli ausstechen und den Teig rund um die Füllung gut andrücken. Zum kurzen Aufbewahren in Mehl legen. ◆ Wasser und Salz in einem großen Topf aufkochen, von der Herdplatte ziehen und die von Mehlspuren befreiten Ravioli portionsweise ins Kochwasser gleiten lassen. Topf wieder auf den Herd stellen. Ravioli fünf Minuten darin gar ziehen lassen. ◆ Mit einer Schaumkelle herausheben und gut abtropfen lassen. Restlichen Zimt und Zucker mischen. Ravioli in gebräunter Butter drehen und mit Zimtzucker bestreut sofort warm servieren.

Lachs mariniert

mit Jakobsmuschel-Kompott und Seeigel

Zutaten für 4 Personen:

400 g frischer Lachs, Sojasauce zum Marinieren
4 Reisblätter, 4 Eisbergsalatblätter
4 Jakobsmuscheln, 1 Eigelb
15 g Ingwer (in Essig eingelegt)
10 g Seeigel, 2 EL Kraftbrühe, 2 TL Sesamöl
1 EL leichte Sojasauce
100 g Forellen- oder Lachskaviar (Keta-Kaviar)
Pflanzenöl zum Fritieren
Kräuter und Salate zur Garnitur

Den Lachs mit der Sojasauce marinieren. Die Reisblätter in Taler, Dreiecke oder Rhomben schneiden. Die Eisbergblätter in die gleiche Form und Größe schneiden. ◆ Die Jakobsmuscheln ganz klein würfeln. Aus Eigelb, in sehr feine Streifen geschnittenem Ingwer, Seeigel, Kraftbrühe, Sesamöl und Sojasauce eine kalte Sauce rühren. Jakobsmuscheln und Kaviar zugeben. ◆ Die Reisblätter in sehr heißem Öl fritieren. ◆ Den Lachs einige Sekunden in einer sehr heißen Pfanne braten, kleinschneiden. ◆ Reisblatt, Salat und Lachs schichtweise anrichten. Auf einem Teller mit der Sauce und der Garnitur servieren. ◆

Tip: Reisblätter und Ingwer in Essig bekommen Sie in Asienläden oder Delikateßgeschäften. ◆ Tip: Seeigel werden aus Frankreich nach Deutschland geschickt, Sie müssen für dieses Gericht einen beim Fischhändler vorbestellen. Für dieses Rezept unbedingt frische Jakobsmuscheln ohne den roten Corail verwenden. Auch diese müssen vorbestellt werden.

Lachsbuletten

mit Steinbutt

Zutaten für 4 Personen:

300 g Fenchel
10 g Butter
Salz, Muskat
400 g Steinbuttfilet
300 g Lachsfilet
½ Limette
1 EL frisches Basilikum, grob geschnitten
1 Ei, 1 EL Crème Double
weißer Pfeffer aus der Mühle
Butterschmalz zum Braten
2–3 EL Kalbsfond
200 g Schlagsahne

Fenchel putzen und in sehr feine Streifen schneiden. Butter in einem Topf schmelzen. Fenchel zufügen und im geschlossenen Topf unter Zugabe von 1–2 Eßlöffeln Wasser bei ganz milder Hitze 15 Minuten dünsten. Das Gemüse kurz abdampfen lassen, mit Salz und Muskat würzen, fein pürieren und abkühlen lassen. ◆ Das Steinbuttfilet erst würfeln, dann im Blitzhacker oder mit dem Pürierstab portionsweise zerkleinern. Das Fischfilet sollte allerdings nicht allzu fein zermust werden – es schadet nicht, wenn noch winzige Stückchen sichtbar sind. Das Lachsfilet in etwa einen Zentimeter große Würfel schneiden und mit ein wenig Limettensaft beträufeln. ◆ Das Steinbuttmus mit einem Eßlöffel püriertem Fenchel, Basilikum, Ei und Crème Double vermischen. Mit Salz und Pfeffer würzen. Die Lachswürfel untermischen. ◆ Mit angefeuchteten Händen aus dem Fischteig acht glatte Buletten formen. In heißem Butterschmalz bei mittlerer bis niedriger Hitze von einer Seite etwa sechs bis acht Minuten hell anbraten. Die Buletten vorsichtig mit zwei Pfannenhebern oder zwei Eßlöffeln wenden. Die Pfanne von der Kochstelle ziehen und die Buletten fünf bis acht Minuten dort ruhen lassen. ◆ Inzwischen das restliche Fenchelpüree mit Fond und Schlagsahne erhitzen. Als Sauce zu den Buletten servieren. ◆ Beilage: Reis und grüner Salat.

Langusten

und Hähnchen

Zutaten für 4 Personen:

1 frisches Hähnchen (etwa 900 g)
2 Langustenschwänze (gekocht und aus der Schale gebrochen)
4 Tomaten, 2 Zwiebeln
2 EL Olivenöl, 4 Knoblauchzehen
50 g magerer durchwachsener Speck
100 ml Weißwein, 1 Prise Zimt, 1 Prise Safran
1 kleiner Zweig Selleriekraut
1 kleiner Zweig Rosmarin
Salz, Pfeffer, 3 EL Cognac
8 Mandeln (geschält und geröstet)
100 g Hühnerleber
10 g bittere Schokolade

Das Hähnchen waschen, trocknen und in acht Teile, die Langustenschwänze in Stücke schneiden. Die Tomaten kurz in kochendes Wasser tauchen, abschrecken, Stielansatz herausschneiden und häuten. Die Zwiebeln abziehen und fein hacken. ◆ Die Hähnchenteile in heißem Olivenöl rundum anbraten und aus der Pfanne nehmen. Die Langustenstücke mit den abgezogenen ganzen Knoblauchzehen in den Bratfond geben, andünsten und wieder herausnehmen (Knoblauchzehen für die Sauce aufheben). Tomaten, Zwiebeln und kleingewürfelten Speck im Bratfond unter Wenden fünf Minuten dünsten. ◆ Die Hähnchenteile wieder in die Pfanne geben. Mit Weißwein, Zimt, Safran, Sellerie, Rosmarin, wenig Salz, Pfeffer und Cognac würzen und 15 Minuten zugedeckt schmoren. Die Langustenstücke zufügen und sieben bis acht Minuten weiterschmoren. ◆ Inzwischen für die Sauce Mandeln, gebratene und rohe Knoblauchzehen, Hühnerleber und in Stückchen gebrochene Schokolade mit wenig Schmorsaft des Hähnchens im Mixer zu einer dunklen Paste pürieren. ◆ Hähnchen und Langusten aus der Pfanne nehmen, anrichten und warm stellen. Den Schmorsaft bei starker Hitze einkochen lassen. Die Paste aus dem Mixer zur Sauce geben. Zwei bis drei Minuten köcheln lassen. Die Sauce nachwürzen und über Hähnchen und Langusten gießen. ◆ Beilage: warmes italienisches Brot, Baguette oder Reis. ◆ Tip: Damit das Langustenfleisch nicht zu trocken wird, lassen Sie die Langusten bei Ihrem Fischhändler nur kurz in kochendem Wasser töten, aus dem Panzer auslösen und nicht fertig garen.

Lauch

Die Pflanze wuchs ursprünglich in Asien und hat viele Verwandte, zum Beispiel verschiedene Zwiebelsorten, Schnittlauch, Bärlauch und Knoblauch. Besonders würzig und wertvoll ist der chlorophyllhaltige Porree

Lauch zum Würzen in Gemüsebrühe

Lauch

mariniert

Zutaten für 4 Personen:

- 700 g Lauch (Porree)
- 2 mittelgroße Möhren
- 2 Kardamomkapseln
- schwarzer Pfeffer aus der Mühle
- ½ TL Salz
- 1 Prise Zucker
- 2–3 EL Zitronensaft
- 4 EL feinstes Olivenöl

Vom Lauch die harten Blätter und Wurzelansätze abschneiden. Die Stangen vom oberen Teil her drei bis vier Zentimeter einschneiden, Blätter auseinanderbiegen und unter fließend kaltem Wasser gründlich abspülen. Den Lauch in fünf bis sechs Zentimeter lange Stücke schneiden. ◆ Möhren schälen, längs vierteln und halbieren oder dritteln. Das gesamte Gemüse in einen Siebeinsatz legen. In einem Topf einen halben Liter Wasser mit den Kardamomkapseln zum Kochen bringen und das Gemüse darüberstellen. Deckel aufsetzen und Lauch und Möhren im Dampf bei guter Mittelhitze 15 Minuten garen, abkühlen lassen. Gemüsewasser aufheben. ◆ Das lauwarme Gemüse in eine Schüssel legen und mit Pfeffer bestreuen. Salz, Zucker und Zitronensaft mit dem Schneebesen verrühren. Olivenöl nach und nach dazugeben, so daß eine hellgrüne, dickflüssige Sauce entsteht. Zuletzt vom abgekühlten Gemüsewasser knapp einen Achtelliter unterrühren und alles über den Lauch gießen. Eine Stunde durchziehen lassen. ◆ Beilage: frisches warmes Baguette oder Fladenbrot. ◆ Tip: sandigen Lauch fast der ganzen Länge nach aufschneiden, waschen und dann in Stücke schneiden.

Lorbeerkartoffeln
vom Blech

Zutaten für 4 bis 6 Portionen:

12–16 mittelgroße, festkochende Kartoffeln
(z. B. Sieglinde, Linda oder Cilena)
12–16 möglichst frische Lorbeerblätter
gutes, kaltgepreßtes Olivenöl zum Einpinseln
grobes Meersalz
grobgemahlener Pfeffer aus der Mühle

Den Backofen auf 175 Grad vorheizen. Die Kartoffeln sehr gründlich unter fließendem Wasser abbürsten und abtrocknen – sie werden mit der Schale gegessen. ◆ Jede Kartoffel an der länglichen Seite in der Mitte so tief einschneiden, daß ein Lorbeerblatt hineinpaßt. Lorbeerblätter von beiden Seiten mit Öl einpinseln und in jede Kartoffel eines hineinstecken. ◆ Kartoffeln rundum mit Öl einpinseln, mit etwas Salz und Pfeffer bestreuen und nebeneinander auf ein Backblech legen. ◆ Kartoffeln in der Ofenmitte eine Stunde backen, nach 30 Minuten wenden. Die Kartoffeln sind gar, wenn man mit einer Gabel mühelos hineinstechen kann. ◆ Beilage: Rohkost- oder grüner Salat, Fisch oder Fleisch gebraten. ◆ Tip: Man kann in jede Kartoffel zum Lorbeer auch noch ein Stückchen mild gesalzenen Schinkenspeck stecken. ◆

Tip: Paßt zu einem rustikalen warmen Buffet.

Löwenzahnsalat

mit Kartoffeln und Speck

Zutaten für 4 Personen:

- 500 g kleine, festkochende Kartoffeln (z. B. Sieglinde, Linda oder Cilena)
- 1 große Staude Löwenzahn
- 100 g Speck
- Salz, schwarzer Pfeffer aus der Mühle
- Balsamessig
- 1 Bund Schnittlauch

Kartoffeln waschen und mit Wasser bedeckt 20 bis 30 Minuten garen. Abgießen, pellen und in Scheiben schneiden. ◆ Vom Löwenzahn die Stiele bis zu den Blattansätzen abschneiden. Die Blätter waschen, abtropfen lassen und in Stücke schneiden. ◆ Den Speck klein würfeln und in einer beschichteten Pfanne bei starker Hitze knusprig ausbraten. Die Kartoffeln untermischen und in eine Schüssel geben. ◆ Kartoffeln und Speck noch warm mit Salz, Pfeffer und Balsamessig abschmecken. Den Salat abkühlen lassen. Die Löwenzahnblätter vorsichtig unter die Speck-Kartoffel-Mischung heben. ◆ Schnittlauch abspülen, Wasser abschütteln. Schnittlauch in Röllchen schneiden. Den Salat auf Tellern anrichten und mit Schnittlauch bestreut servieren. ◆ Tip: Löwenzahn wegen der Abgase nicht am Straßenrand ernten.

Mangoldwickel
mit Fleischfüllung

Zutaten für 4 Personen:

- 150 g Mehl
- 2 Eier
- 1 Prise Salz, Muskat, Pfeffer
- 50 g magerer durchwachsener Speck
- 30 g gekochter Schinken, 100 g Zwiebeln
- 3 Landjäger, 1 Kochwurst (200 g)
- 1 Bund Petersilie, 1 kleiner Zweig Thymian
- 1 kleiner Zweig Rosmarin
- ½ Bund Schnittlauch
- 40 g Mangoldblätter, 60 g Butter
- 24 große schöne Mangoldblätter
- 2 EL Öl, 600 ml Milch, 300 ml Fleischbrühe
- ½ Salsiz (luftgetrocknete Wurst)
- 100 g gemischter geriebener Käse

Für einen Teig Mehl in eine Schüssel geben. In die Mitte eine Vertiefung drücken und die Eier, wenig Salz, Muskat und Pfeffer hinzufügen. Die Eier und einen Teil des Mehls mit einer Gabel mischen. Unter Rühren mit einem Kochlöffel oder dem Knethaken des Handrührers 100 bis 125 Milliliter Wasser hinzufügen. Den Teig so lange schlagen, bis er Blasen wirft und sich vom Schüsselboden löst. 30 Minuten ruhen lassen. ◆ Für die Füllung in der Zwischenzeit Speck, Schinken, Zwiebeln und Würste in kleine Würfel schneiden. Die Kräuter und die Mangoldblätter fein hacken. ◆ Speck-, Schinken- und Zwiebelwürfel in 20 Gramm Butter glasig braten. Die Kräuter hinzufügen und kurz durchschwenken. Gründlich mit dem Teig vermischen. Die Teigmasse erkalten lassen. ◆ Große Mangoldblätter waschen, gut abtropfen lassen und auf einem Brett ausbreiten. Jeweils einen Eßlöffel der abgekühlten Füllung auf ein Mangoldblatt geben. Die Blätter seitlich über der Füllung einschlagen, aufrollen und zustecken oder -binden. ◆ Das Öl in einer Pfanne erhitzen und die Mangoldrouladen darin vorsichtig von allen Seiten anbraten. ◆ Die Milch mit der Fleischbrühe in einer großen Auflaufform vermischen und zum Kochen bringen. Die Mangoldwickel nebeneinander hineinlegen und 15 Minuten darin gar ziehen lassen. Backofen auf 225 Grad vorheizen. ◆ Salsiz in Würfel schneiden und mit dem Käse auf die Röllchen streuen. Restliche Butter in Flöckchen darauf verteilen. Im vorgeheizten Backofen überbacken, bis der Käse geschmolzen ist.

Marmelade

aus Mango und Papaya

Zutaten für 2–3 Gläser:

1 reife Mango (etwa 400 g)
1 reife Papaya (etwa 400 g)
500 g Zucker
1 ½ Limetten
10 g Gelierpulver

Die Mango halbieren, dabei an der flachen Seite des Steins entlangschneiden und diesen aus einer Hälfte herausschneiden. Das Fruchtfleisch karoförmig in beiden Hälften mit einem Messer knapp bis zur Schale einritzen. Die Fruchthälften umstülpen und das Fruchtfleisch nun von der Fruchtschale schneiden. Die Papaya schälen, halbieren und die Kerne mit einem Löffel herausschaben. Das Fruchtfleisch in kleine Würfel schneiden. ◆ Das Fruchtfleisch abwiegen, es werden 500 Gramm benötigt. Früchte in einem großen Topf mit dem Zucker vermengen. 30 Minuten zum Saftziehen stehen lassen. ◆ Limetten waschen und mit einem Tuch abreiben. Mit einem Zestenmesser feine Streifen von der Schale abziehen und in feine Streifen schneiden. Den Saft auspressen. Beides unter die vorbereiteten Früchte rühren. ◆ Die Marmelade zwei Minuten sprudelnd kochen, vom Herd nehmen und das Gelierpulver unter ständigem Rühren einrieseln lassen. Nochmals fünf Minuten sprudelnd kochen. ◆ Die Marmelade sofort in die vorbereiteten Gläser füllen und diese fest verschließen. Auf den Deckeln stehend abkühlen lassen. ◆ Tip: Besonders aromatisch sind die kleineren indischen Mangos, die man bei uns nur im Sommer bekommt. ◆ Tip: Bei anderen Gelierhilfen, zum Beispiel Einmachzucker, auf die Zubereitungshinweise achten.

Melone

mit Eichblattsalat und warmem Schafskäse

Zutaten für 4 Personen:

- 1 Kopf Eichblattsalat
- 1 Stange Porree (150 g)
- Salz
- 1 reife Zuckermelone (etwa 1,4 kg)
- 300 g Schafskäse
- 6 EL Olivenöl
- 2 EL Sherryessig
- Pfeffer aus der Mühle

Salat waschen, trockenschleudern und zerpflücken. Porree putzen, in Ringe schneiden und in Salzwasser blanchieren. Zuckermelone halbieren, entkernen und mit einem großen Kugelausstecher Kugeln formen oder das Fruchtfleisch in Würfel schneiden. Den Backofen auf 200 Grad vorheizen. ◆ Schafskäse in vier Portionen teilen und im vorgeheizten Ofen zehn Minuten erwärmen: Er soll weich werden, aber nicht schmelzen. Aus Öl und Essig mit einer Prise Salz eine Vinaigrette rühren. ◆ Salatblätter durch die Vinaigrette ziehen und auf Teller verteilen. Je ein Stück Schafskäse auf den Salat legen, mit Lauchringen bestreuen, vorsichtig salzen – der Schafskäse ist schon ziemlich salzig – und nach Belieben pfeffern. Zum Schluß die Melonenkugeln auf dem Salat dekorieren. ◆ Beilage: Geröstetes Weißbrot oder Baguette. ◆

Tip: Die Zuckermelone kann auch durch eine Honig- oder Netzmelone ersetzt werden.

Mohn-Speck-Gugelhupf

zum Wein

Zutaten für 1 Kuchen (16 Stücke)

- 60 g Hefe, 1 TL Zucker
- 600 g Mehl (Type 550)
- 450 g magerer durchwachsener Speck
- 100 g Mohn
- 50 g Kürbiskerne
- 50 g Butter, 1 TL Salz
- 2 Frühlingszwiebeln, 1 Bund Majoran
- 2 Eier (Kl. M)
- Fett für die Form
- 1 geriebenes Roggenbrötchen
- grober schwarzer Pfeffer

Zerbröckelte Hefe und Zucker in 450 Milliliter Wasser auflösen. Mit 550 Gramm Mehl verkneten und zugedeckt etwa ein bis zwei Stunden in einem kühlen Zimmer gehen lassen. ◆ Den Speck in Streifen schneiden und bei milder Hitze in einer Pfanne knusprig ausbraten. Mohn in einer Pfanne ohne Fett rösten, dann mahlen. Kürbiskerne hacken. ◆ Butter zerlassen. Mit Mohn, Salz, feingeschnittenen Frühlingszwiebeln, abgezupften Majoranblättchen und Eiern in eine Schüssel geben. Den Vorteig zufügen und mit der Küchenmaschine oder den Knethaken des Handrührers zu einem Teig kneten. Zuletzt die Kürbiskerne und den abgekühlten Speck mit dem Fett untermischen. Ist der Teig sehr weich, das restliche Mehl unterkneten. ◆ Eine Gugelhupf- oder Kastenform von etwa zwei Litern Inhalt einfetten, mit geriebenem Roggenbrötchen und grobem Pfeffer ausstreuen. Den Teig hineinfüllen und noch einmal etwa 20 Minuten bei Zimmertemperatur gehen lassen. Den Backofen auf 200 Grad vorheizen und den Gugelhupf 50 bis 60 Minuten backen. ◆ Beilagen: grüner Salat. ◆ Tip: Auf Vorrat backen und etwas abgekühlt, aber noch warm einfrieren. Im Ofen kurz aufbacken und zum Wein anbieten.

Möhren-Orangen-Suppe
mit Krabbenfleisch

Zutaten für 4 Personen:

Möhren schälen, waschen, in zwei Zentimeter lange Stücke schneiden. Die Schalotte abziehen, fein

500 g Möhren, 1 Schalotte

würfeln, in Butter glasig dünsten. Curry dazugeben und anschwitzen. Dann die Möhren dazugeben,

10 g Butter, ½ TL scharfer Curry

mit Zucker bestreuen, wenden und ein paar Minuten dünsten. Mit Orangensaft ablöschen und mit

1 TL Zucker, 50 ml Orangensaft

Hühnerbrühe auffüllen. Einmal aufkochen und bei milder Hitze weiterköcheln, bis die Möhren weich

750 ml Hühnerbrühe, 50 ml Schlagsahne

sind (15 bis 20 Minuten). ◆ Suppe pürieren, Sahne zugießen, kurz aufkochen, mit Salz und Pfeffer

Salz, schwarzer Pfeffer aus der Mühle

abschmecken. Krabbenfleisch auf die Teller verteilen und die Suppe darübergeben. Sofort servieren. ◆

100 g Krabbenfleisch

Tip: Raffiniert schmecken einige Blättchen frischer Koriander dazu.

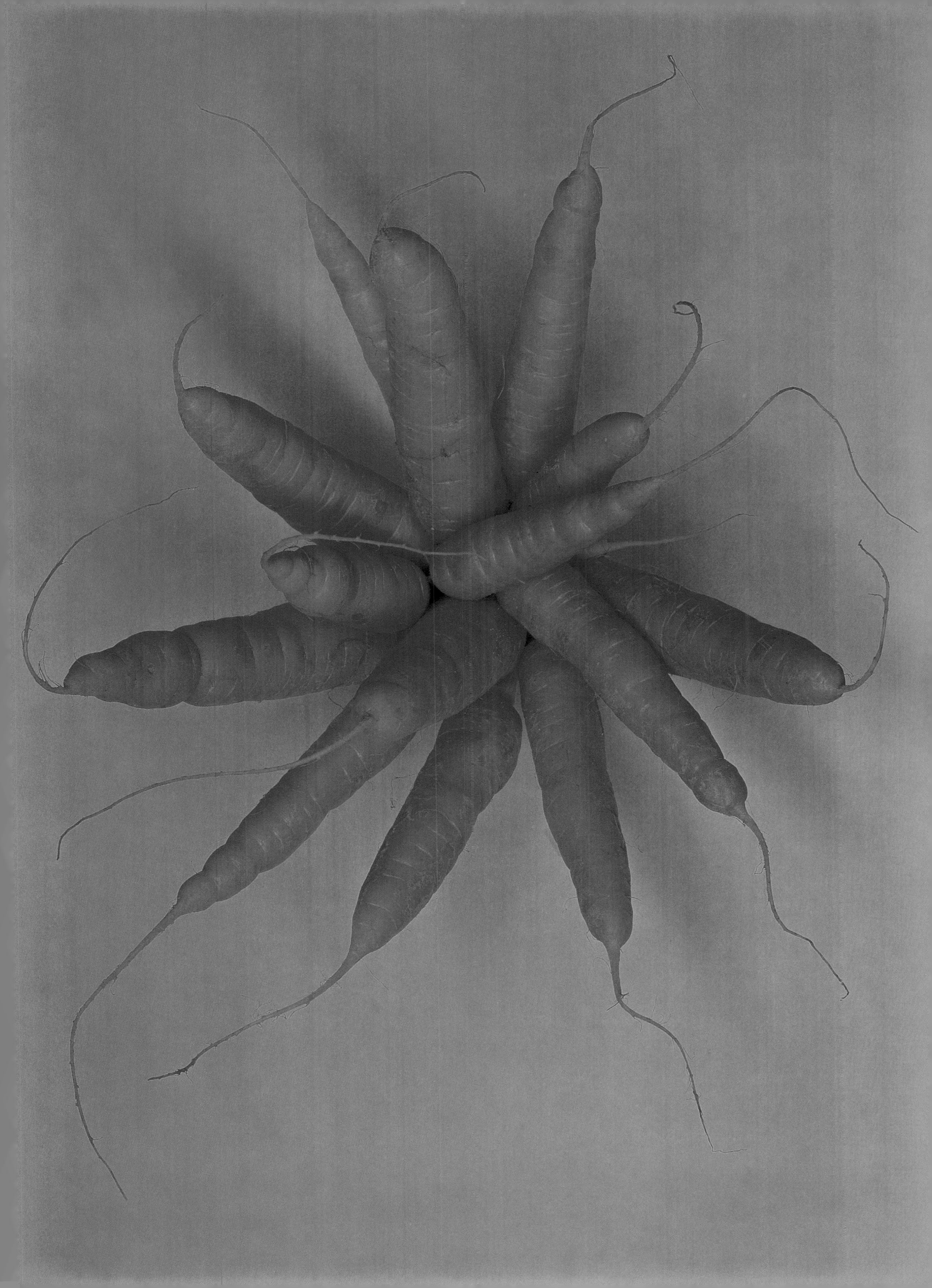

Morcheln

in Kalbsgeschnetzeltem

Zutaten für 2 Personen:

- **20 g getrocknete Morcheln**
- **2 Schalotten**
- **350 g Kalbsnuß**
- **2 EL Öl**
- **20 g Butterschmalz**
- **3 EL trockener Weißwein**
- **100 ml Kalbsfond**
- **2 EL Crème double**
- **Salz, Pfeffer aus der Mühle**

Morcheln in einer knappen Tasse lauwarmem Wasser mindestens eine halbe Stunde einweichen, dabei öfter bewegen. Schalotten abziehen, würfeln. Das Kalbfleisch erst in einen Zentimeter dicke Scheiben, dann in schmale Streifen schneiden. ◆ Öl in einer großen Pfanne mit der Hälfte Butterschmalz erhitzen. Das Fleisch unter ständigem Wenden darin hellbraun anbraten. Mit einem Schaumlöffel heraus-nehmen und warm stellen. ◆ Die Morcheln auf ein Sieb geben und die aufgefangene Flüssigkeit durch einen Papierfilter gießen. Restliches Butterschmalz erhitzen und die Schalotten darin glasig dünsten. ◆ Pilze, Pilzflüssigkeit, Wein und Kalbsfond dazugeben und etwas einkochen. Crème double einrühren und aufkochen. Einige Minuten einkochen und mit Salz und Pfeffer abschmecken. ◆ Das gebratene Fleisch in der Sauce erwärmen (nicht kochen, es wird sonst zäh). Auf einer vorgewärmten Platte servieren. ◆ Beilage: Bandnudeln, Spätzle oder Röstis und grüner Salat.

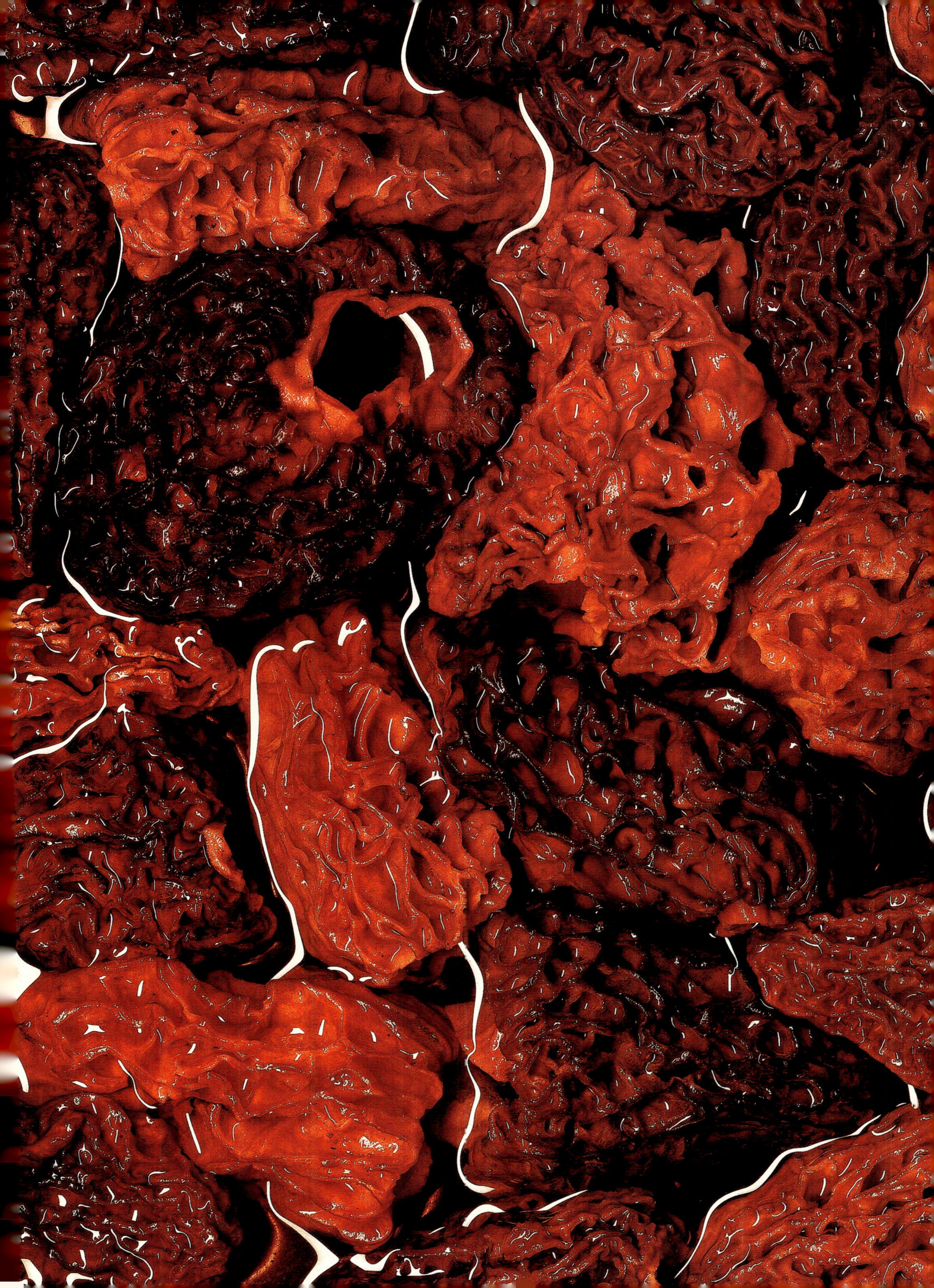

Mozzarella

in Öl eingelegt

Zutaten für 6 Personen:

500 g kleine Mozzarellakugeln

1 rote Chilischote

1 Zweig frischer Rosmarin

6 Knoblauchzehen

etwa ¼ l kaltgepreßtes Olivenöl

Den Mozzarella abtropfen lassen und auf Küchenpapier zum Trocknen ausbreiten. ◆ Die Chilischote aufschneiden, entkernen und in hauchdünne Streifen schneiden. Die Rosmarinnadeln abzupfen und fein hacken. Den Knoblauch abziehen und in Scheiben schneiden. ◆ Mozzarella in ein nicht zu weites Gefäß schichten, dabei Chili, Rosmarin und Knoblauch zwischen die Kugeln verteilen. Mit so viel Öl übergießen, daß der Käse gut bedeckt ist. Über Nacht durchziehen lassen. ◆ Beilage: Tomatenscheiben, Birnen- oder Apfelspalten und Weißbrot. ◆ Tip: Der Mozzarella hält sich im Kühlschrank etwa drei Tage lang.

Übriggebliebenes Öl läßt sich zum Gemüseschmoren oder für ein Salatdressing verwenden.

Nudeln

Fertignudeln gibt es überall. Besser schmecken sie aber selbstgemacht. Der Teig kann durch Kräuter oder Gewürze verändert und veredelt werden

Teig mit Petersilie. Etwas Mehl wird durch Hartweizengrieß ersetzt

Nudelteig

Grundrezept

Zutaten für 4–8 Personen:

300 g Mehl Type 405 oder
150 g Mehl Type 405 und
150 g Vollkornmehl
1 TL Salz
2 Eier (Kl. M)
1 EL Olivenöl

Das (gemischte) Mehl in eine Schüssel geben und in der Mitte eine Vertiefung drücken. Sechs Eßlöffel Wasser, Salz, Eier und Öl verquirlen und in die Mulde gießen. Den Teig von der Mitte aus sorgfältig zusammenarbeiten. Mit den Händen etwa 15 Minuten kneten, bis er zart wird; dabei möglichst wenig zusätzliches Mehl verwenden. ◆ Eine Steingutschüssel mit heißem Wasser füllen und fünf Minuten vorwärmen. Das Wasser ausgießen und die heiße, nasse Schüssel über den Teig stülpen; mindestens 30 Minuten aufquellen lassen. Den Teig dünn ausrollen und nach Rezept zuschneiden. ◆ Die Nudeln portionsweise abkochen. Frische Nudeln sind bereits nach zwei bis drei Minuten gar. ◆ Beilage: gebräunte Butter oder Olivenöl, geschmorte Pilze, Kräuter, heiße, kleingeschnittene Tomaten, geriebener Käse oder Fleisch mit viel Sauce. ◆ Tip: In den Teig feingehackte Kräuter kneten, zum Beispiel glatte Petersilie, Basilikum oder auch Spinat, in dem Fall das Wasser reduzieren. ◆ Tip: Schnell, sauber und einfach läßt sich der Teig zunächst mit dem Knetmesser der Küchenmaschine verarbeiten, um ihn anschließend nur noch kurz mit den Händen durchzukneten.

Nüsse

in Kürbissuppe

Zutaten für 4 Personen:

500 g orangeroter Speisekürbis
300 g Kartoffeln, 1 kleine Stange Lauch
30 g Butterschmalz, Salz
schwarzer Pfeffer aus der Mühle
3 EL Crème fraîche, 10 g Butter
½ TL Honig
100 g grob gehackte Walnüsse

Kürbis schälen, Fruchtfleisch in Würfel schneiden. Kartoffeln schälen und ebenfalls würfeln. Vom Lauch die harten grünen Blätter und den Wurzelansatz abschneiden, längs halbieren, gründlich waschen und in Streifchen schneiden. ◆ Butterschmalz in einem Topf erhitzen, Lauch kurz darin andünsten, Kürbis- und Kartoffelwürfel zugeben und eine Minute unter Rühren dünsten. Einen Liter heißes Wasser zugießen, mit einem Teelöffel Salz und einer guten Prise Pfeffer würzen. Das Gemüse 30 Minuten sanft kochen, dann mit dem Mixstab pürieren oder durch ein Sieb streichen. Crème fraîche unterrühren. ◆ Die Suppe mit Salz und Pfeffer abschmecken. Butter in der Pfanne erhitzen, den Honig unterrühren, die Nüsse zugeben, unter Rühren fünf Minuten braten und über die Suppe streuen.

Nußtorte
aus dem Engadin

Zutaten für eine Springform von 24 cm Durchmesser:

- 300 g Mehl (Type 550)
- 200 g Butter und etwas Butter zum Fetten
- 1 Prise Salz
- 450 g Zucker
- 2 Eier (Kl. S)
- 240 g Walnußkerne
- ¼ l Schlagsahne
- 1 EL Honig
- 2 EL Johannisbeergelee

Das Mehl, die kleingeschnittene Butter, das Salz und 150 Gramm Zucker in eine vorgekühlte Schüssel geben. Eine Vertiefung anbringen und die verquirlten Eier hineingeben. Mit kühlen Händen sehr rasch zu einem mürben Teig zusammenkneten. 20 Minuten kühl ruhen lassen. ◆ Den restlichen Zucker in eine Bratpfanne geben und unter Rühren hellbraun karamelisieren. Walnußkerne dazugeben und zwei bis drei Minuten mitrösten. Sahne zugießen und den Honig untermischen. Den Backofen auf 180 Grad vorheizen. ◆ Zwei Drittel des Teiges drei Millimeter dick ausrollen. ◆ Springform mit Butter einstreichen, mit Teig auslegen und dabei einen Rand von etwa fünf Zentimeter Höhe formen. ◆ Den Teigboden mit Johannisbeergelee bestreichen. Die Nußfüllung gleichmäßig auf den Teigboden verteilen. ◆ Aus dem Rest-Teig einen Deckel in der Größe der Springform ausrollen. ◆ Den Teigrand des Bodens leicht über die Füllung zurückbiegen und mit wenig Wasser befeuchten. Den Teigdeckel darüberlegen, mit einer Gabel mehrmals einstechen. ◆ Die Torte 60 Minuten backen; sie darf nicht dunkel werden, deshalb vorsichtshalber gegen Ende der Backzeit mit Pergament oder Alufolie abdecken. ◆ Tip: Schnell, sauber und einfach läßt sich der Teig in der Küchenmaschine mit dem Knetmesser herstellen.

Obst-Rahm-Kuchen

mit Quark und Sahne

Zutaten für eine Springform von 30 cm Durchmesser:

Für den Mürbeteig: 250 g Mehl (Type 550)
125 g Butter, 60 g Zucker, 1 Ei (Kl. M)
Schale einer halben Zitrone (dünn abgerieben)

Für die Füllung: 250 g Magerquark,
3 Eier, 3 Eigelb (Kl. M)
1 TL Speisestärke, 100 g Zucker
2 Vanilleschoten, 250 g Crème fraîche
300 g Schlagsahne, Butter für die Form
getrocknete Hülsenfrüchte zum Blindbacken

Zum Garnieren: säuerliche Früchte, Minze oder Zitronenmelisse
Puderzucker zum Bestäuben

Aus Mehl, Butter, Zucker, Ei und der Zitronenschale rasch einen Mürbeteig kneten, kalt stellen. ◆ Quark, Eier, Eigelb, Speisestärke und den Zucker gut verrühren. Vanilleschoten aufschlitzen, das Mark herausschaben und zur Quarkmischung geben. Dann Crème fraîche und die flüssige Sahne unterrühren, kalt stellen. Den Backofen auf 225 Grad vorheizen. ◆ Eine Springform leicht einfetten. Den Mürbeteig entsprechend groß ausrollen, in die Form legen und einen Rand (etwa dreieinhalb Zentimeter) hochziehen. Den Teigboden mit etwas Pergamentpapier auslegen und durch das Papier den Boden mehrfach mit einer spitzen Gabel einstechen. Die Hülsenfrüchte einfüllen. Den Boden im Backofen 20 bis 25 Minuten auf der untersten Einschubleiste goldgelb vorbacken (blindbacken). Die Hülsenfrüchte und das Papier entfernen, Backofen auf 200 Grad zurückschalten. ◆ Quarkfüllung vorsichtig auf den vorgebackenen Tortenboden geben und in den Backofen (zweite Leiste von unten) schieben. Etwa 25 bis 30 Minuten backen, die Füllung muß stocken. Auf einen Rost stellen und in der Form etwa eine halbe Stunde kalt werden lassen. Auf ein flaches Blech stürzen und wieder wenden. ◆ Je nach Jahreszeit mit säuerlichen Früchten garnieren. In acht (oder beliebig viele) Portionen teilen. Minzblättchen oder Zitronenmelisse dekorativ danebenlegen, alles, auch den Teller, mit Puderzucker bestäuben.

Oliven

in Rindfleisch auf provenzalische Art

Zutaten für 4 Personen:

- **700 g Rindfleisch aus der Keule**
- **1 kleiner Kräuterstrauß (je 1 Stengel Thymian, Rosmarin und 1 Lorbeerblatt)**
- **3/8 l trockener Rotwein**
- **3 Zwiebeln**
- **2 Knoblauchzehen**
- **2 große Tomaten**
- **50 g Butterschmalz**
- **2 EL Tomatenmark**
- **Salz, schwarzer Pfeffer aus der Mühle**
- **150 g Oliven**
- **1 Bund glatte Petersilie**

Am Abend vor der Zubereitung das Fleisch kalt abspülen und in große Würfel schneiden. Diese mit dem Kräutersträußchen in einen Topf oder in eine Schüssel legen und mit dem Rotwein begießen. Zugedeckt im Kühlschrank über Nacht durchziehen lassen. ◆ Fleisch aus dem Kühlschrank nehmen, mit der Schaumkelle aus dem Wein heben und mit Küchenpapier abtupfen. Zwiebeln und Knoblauch abziehen und klein würfeln. Tomaten abspülen, die Stielansätze herausschneiden. In einem großen, flachen Bräter das Butterschmalz erhitzen und die Fleischwürfel rundum darin braun anbraten. ◆ Zwiebeln und Knoblauch zugeben und unter Wenden glasig werden lassen. Tomaten und Tomatenmark unterrühren und kurz mitschmoren. Dann die Marinade und den Kräuterstrauß sowie einen halben Teelöffel Salz und reichlich Pfeffer zufügen. ◆ Das Fleisch bei sanfter Hitze eine dreiviertel Stunde schmoren. Oliven abspülen, wenn nötig, entsteinen und zugeben. Nach Bedarf noch ein achtel bis ein viertel Liter heißes Wasser zugießen. ◆ Probieren, ob das Fleisch weich ist. Kurz vor dem Servieren Petersilie waschen, trockenschütteln. Blättchen hacken und untermischen. Noch fünf Minuten mitgaren. Sauce abschmecken. ◆ Beilage: in Butter gebratene Pellkartoffeln oder Landbrot.

Olivenöl-Sauce

mit Sardellen

Zutaten für 4 Personen:

- 1 Gurke (oder 2 kleine Zucchini)
- 1 Stangensellerie, 400 g junge Möhren
- 8–12 kleine Frühlingszwiebeln, 8 Cherrytomaten
- 4 Radicchio rosso, 2 Fenchelknollen
- 12 kleine, neue Kartoffeln, in der Schale gekocht
- 1 Bund Radieschen, 500 g Blumenkohlröschen (kurz vorgekocht) oder nach Belieben andere Gemüse der Saison
- 8–10 kleine Sardellenfilets
- ¼ l kalt gepreßtes Olivenöl
- schwarzer Pfeffer aus der Mühle

Alle Gemüse waschen und abtropfen lassen. ◆ Die Gurke (oder die Zucchini), den Sellerie und die Möhren in Stifte schneiden. Die Frühlingszwiebeln etwas kürzen und längs halbieren. Die Cherrytomaten quer halbieren, Radicchio und die Fenchelknollen längs vierteln. Die anderen Gemüse ganz verwenden. ◆ Die Sardellen hacken, eventuell eine halbe Stunde in Wasser legen. Die Sardellen mit ganz wenig Olivenöl im Mixer pürieren. Das Olivenöl leicht erwärmen und mit dem Sardellenpüree mischen. Mit frisch gemahlenem Pfeffer abschmecken. ◆ Alles so auf dem Tisch anrichten, daß die Gäste das Gemüse in die Sauce tunken können. ◆ Tip: Man kann die Sardellen durch ein wenig Knoblauch und winzig kleine Peperonciniwürfel (rote, scharfe Pfefferschote) ersetzen. Im Piemont findet sich eine Variante: Hier wird eine ähnliche Sauce zu Gemüse zubereitet, die allerdings auf einem Rechaud warm serviert wird: Olivenöl mit drei durchgepreßten Knoblauchzehen erwärmen. Sechs gehackte Knoblauchzehen oder gehobelte weiße Trüffel zugeben. ◆ Tip: Sie können für diese Sauce auch das Gemüse dämpfen. Es muß nur vor dem Anrichten gut auskühlen.

Paprikarouladen

mit Kapern und Schinken

Zutaten für 4 Personen:

- **4 große rote Paprikaschoten**
- **300 g luftgetrockneter Schinken**
- **100 g in Salzwasser eingelegte Kapern**
- **50 g Butter**
- **4 EL Olivenöl**
- **1 EL gehackte glatte Petersilie**

Die Paprikaschoten an einer langen Gabel über der Gasflamme oder im sehr heißen Backofen unter ständigem Wenden erhitzen, bis die Haut rundum braun ist, platzt und sich abziehen läßt. Die geschälten Paprika der Länge nach halbieren und die Kerne entfernen. ◆ Den Schinken fein hacken. Die Kapern mit Wasser abspülen, gut abtropfen lassen und grob hacken. ◆ Butter und zwei Eßlöffel Öl erhitzen und die Schinken-Kapern-Mischung darin unter Rühren schmoren, ohne sie zu bräunen. ◆ Die Paprikahälften flachdrücken, mit der Schinkenmischung bestreichen und aufrollen. ◆ In einem Schmortopf das restliche Olivenöl erhitzen, die Paprikarouladen darin in 15 Minuten weichschmoren, salzen und mit der Petersilie bestreuen. Warm oder kalt servieren. ◆ Beilage: Frisches Weiß- oder Landbrot. ◆ Tip: Kalte Rouladen, als Vorspeise serviert, sollten mindestens Zimmertemperatur haben.

Paprikaschoten

türkisch gefüllt

Zutaten für 4 Personen:

- 250 g Patnareis
- 1 mittelgroße Zwiebel, abgezogen
- 4 EL Olivenöl
- 40 g kleine Korinthen (kus üzüm, aus dem türkischen Lebensmittelladen)
- 50 g Pinienkerne
- 1 gehäufter TL getrocknete Minze
- Salz, ½ TL Zucker
- 1 Msp. gemahlener Piment, ¼ TL Zimtpulver
- schwarzer Pfeffer aus der Mühle
- 1 Bund glatte Petersilie
- 16 runde türkische Paprikaschoten (dolmalik biber), 1 mittelgroße Eiertomate
- 50 g Butter

Den Reis in ein Haarsieb geben, unter fließendem kalten Wasser abspülen und zum Abtropfen beiseite stellen. Die Zwiebel fein würfeln. In einem Topf das Olivenöl erhitzen und die Zwiebel bei guter Mittelhitze darin glasig dünsten. Den Reis unterrühren und eine Minute mitdünsten. Die Korinthen und die Pinienkerne ebenfalls zugeben und alles eine weitere Minute dünsten. ◆ Minze, ein Teelöffel Salz, Zucker, Piment, Zimt und eine gute Prise Pfeffer unterrühren. 400 ml Wasser zugießen. Den Reis aufkochen und zugedeckt bei sanfter Hitze zehn Minuten ausquellen lassen. Zum Abkühlen beiseite stellen. ◆ Die Petersilie waschen, gut trockenschütteln, die Blättchen von den Stielen zupfen, dann fein hacken und unter den Reis rühren. ◆ Die Paprikaschoten mit einem spitzen Messer rund um die Stiele einschneiden, Stiele, Rippen und Kerne herausnehmen. Die Schoten ausspülen, abtropfen lassen. Tomate waschen und in 16 Stückchen schneiden. Backofen auf 200 Grad vorheizen. ◆ Die Paprikaschoten mit dem Reis füllen und mit einem Tomatenstückchen verschließen. Die Schoten dicht beieinander in eine Auflaufform, möglichst mit Deckel, setzen. Einen halben Liter Wasser mit einem knappen Teelöffel Salz verrühren und zu den Schoten gießen. Butter zwischen den Schoten verteilen. ◆ Form – notfalls mit Alufolie – dicht verschließen und die Paprika eine Stunde auf der mittleren Einschubleiste des Backofens garen. Vor dem Servieren die Schoten etwas abkühlen lassen. ◆ Beilage: Joghurt.

Pfirsich-Carpaccio

mit Parmesankäse

Zutaten für 4 Personen:

- 50 g möglichst frische Walnußkerne (ersatzweise getrocknete)
- 4 große, reife, weiße Pfirsiche
- 1 EL Zitronensaft
- 1 EL eingelegte grüne Pfefferkörner
- 2 Zweige Zitronenmelisse oder das Grün von 2 Fenchelknollen
- 150 g Parmesankäse am Stück oder
- 100 g Bündner Fleisch

Von frischen Walnußkernen die feinen Häutchen abziehen. Getrocknete legt man 15 Minuten in warmes Wasser, dann lassen sich die Häutchen leicht abziehen. ◆ Die Pfirsiche rundum mehrere Male mit einer Gabel einstechen, mit kochendem Wasser übergießen, eine Minute stehen lassen, kalt abschrecken, dann häuten. Pfirsiche halbieren und die Steine auslösen. Die Früchte in dünne Spalten schneiden. Vier große Teller mit den Pfirsichspalten belegen. Mit Zitronensaft bepinseln, damit sie schön hell bleiben. ◆ Den Pfeffer abtropfen lassen, mit einer Gabel oder im Mörser fein zerdrücken und über die Pfirsiche streuen. Zitronenmelisseblättchen abzupfen und auf den Pfirsichen verteilen. ◆ Mit dem Gurken- oder Trüffelhobel den Parmesankäse in feinen Spänen über die Pfirsiche hobeln. Wer sie mit Bündner Fleisch servieren möchte, schneidet das Fleisch in dünne Streifen oder zupft es in Stücke und verteilt es auf die Pfirsiche. Alles mit Walnußhälften oder -vierteln garnieren. ◆ Beilage: frisches Baguette und trockener Weißwein. ◆ Tip: Sie können auch gelbe Pfirsiche verwenden. Hauptsache ist, daß die Früchte aromatisch sind. Das Rezept auch einmal mit Parmaschinken ausprobieren.

Pilzsalat warm

in Thymian-Vinaigrette

Zutaten für 4 Personen:

300 g Waldpilze (eine Sorte oder mehrere gemischt)
4 schöne, mittelgroße Champignons
5 EL Olivenöl
1 Schalotte (fein gehackt)
1 Knoblauchzehe (durchgepreßt)
4 Zweige Thymian
Salz, schwarzer Pfeffer aus der Mühle
1 EL Zitronensaft
1 Zweig krause Petersilie
1 Zweig Majoran

Die Pilze putzen, kalt überbrausen und abtropfen lassen. Einige zum Garnieren beiseite legen, die anderen klein schneiden. ◆ Die Champignons, wenn nötig, mit feuchtem Küchenpapier putzen, in Scheiben schneiden und auf der Tellermitte kranzförmig anrichten. ◆ Zwei Eßlöffel Olivenöl schwach erhitzen. Schalotte, Knoblauch und von einem Thymianzweig abgestreifte Blättchen darin andünsten. Die gemischten Pilze dazugeben. Drei bis vier Minuten andünsten, dann mit Salz und Pfeffer würzen. ◆ Zitronensaft, Salz, Pfeffer und abgestreifte Blättchen von zwei Thymianzweigen verrühren. Restliches Olivenöl dazugeben. Gut aufschlagen, bis die Sauce leicht sämig ist. Die Champignonscheiben mit der Sauce überpinseln. ◆ Die warmen Pilze mit dem Rest der Thymian-Vinaigrette mischen. Häufchenweise auf den Champignonscheiben anrichten. Rundum mit den beiseite gelegten Pilzen sowie mit Petersilie, Majoran und restlichem Thymian garnieren. ◆ Beilage: Bauernbrot oder Toast. ◆ Tip: Pilze niemals im Wasser liegenlassen. Sie saugen Flüssigkeit auf und geben sie danach beim Erhitzen zusammen mit dem kostbaren Pilzsaft wieder ab.

Pochierte Eier

auf Tomaten-Orangen-Sauce

Zutaten für 4 Personen:

- 1 unbehandelte Orange
- 80 g Schalotten (gehackt)
- 1 EL Butter
- 500 g reife Tomaten (geschält)
- 100 ml Hühnerbrühe
- 100 ml Orangensaft
- 1 EL Cognac
- 4 EL Weinessig
- 4 frische Eier
- 1 Prise Salz
- 1 Prise Cayennepfeffer
- 1 Prise Zucker
- 30 g kalte Butter

Die Orange heiß abwaschen und mit einem Tuch trocknen. Die Schale ohne die weiße Haut ganz dünn abschälen. Einen halben Liter Wasser aufkochen, die Schale hineingeben und zwei bis drei Minuten sprudelnd kochen. Abgießen und in sehr feine Streifen schneiden. Die weiße Haut der Orange mit einem scharfen Messer vollständig abschneiden. Das Fruchtfleisch zwischen den Trennhäuten als Filets herausschneiden. ◆ Die Schalotten in der Butter andünsten. Die Tomaten klein schneiden, dazu rühren und zehn Minuten dünsten. Mit der Hühnerbrühe ablöschen und bei milder Hitze weiterkochen, bis ein Mus entsteht. Püree durch ein feines Sieb streichen, dabei die Gemüse mit einem Löffelrücken gut auspressen. Die Sauce wieder in die Pfanne geben. Orangensaft und Cognac dazugeben und etwas einkochen lassen. ◆ Einen Liter Wasser mit dem Essig aufkochen. Die Eier einzeln in eine Tasse aufschlagen, ins siedende Wasser gleiten lassen. Das Eiweiß mit einem Löffel über das Eigelb ziehen. Die Eier nach drei Minuten mit der Schaumkelle aus dem Wasser heben und zum Warmhalten in heißes, aber nicht kochendes Wasser legen. ◆ Die Sauce mit Salz, Cayennepfeffer und Zucker pikant abschmecken. Die Butter in kleinen Stückchen zufügen und mit dem Schneebesen alles gut verrühren. Nicht mehr kochen. ◆ Die Sauce auf vorgewärmte Teller verteilen. Je ein verlorenes Ei in die Mitte legen. Mit den Orangenstreifen bestreuen und mit je zwei bis drei Orangenfilets garnieren. ◆ Beilage: Toast. ◆ Tip: je frischer die Eier, um so kompakter das Eiweiß, um so einfacher die Zubereitung. Das Essigwasser darf nicht sprudelnd kochen.

Pudding
aus dem Dampf mit Quark

Zutaten für 4 Personen:

- ¼ l Milch, 1 Prise Salz
- 70 g Grieß
- 3 Eier, getrennt (Kl. M)
- 80 g Zucker, 50 g geriebene Mandeln
- fein abgeriebene Schale von einer Zitrone
- 50 g Rosinen
- 200 g Sahnequark
- 20 g Butter
- Paniermehl

Milch und Salz in einer Stielkasserolle aufkochen, den Grieß einstreuen. Zu einem dicken glatten Brei kochen. ◆ Die Eigelb mit dem Zucker im Wasserbad schaumig rühren, bis die Masse hell wird und ihr Volumen sich verdoppelt. Anschließend kalt rühren. ◆ Mandeln, Zitronenschale, Rosinen und Quark dazumischen. ◆ Eiweiß steif schlagen und locker unter die Masse ziehen. ◆ Die Puddingform mit der Butter ausstreichen und mit Paniermehl ausstreuen. ◆ Die Quarkmasse einfüllen, glattstreichen und die Form mit Folie oder dem Deckel abdecken. ◆ Einen Schnellkochtopf bis zum Siebboden mit Wasser füllen, die Puddingform hineinstellen, schließen und auf der Schonstufe zehn Minuten kochen lassen. ◆ Den Topf von der Platte nehmen und stehenlassen, bis kein Dampfdruck mehr vorhanden ist. Öffnen, den Pudding am Formenrand entlang mit einem Messer lösen und auf eine Platte stürzen. ◆ Beilage: Kompott oder Fruchtsaucen. ◆ Tip: warm oder abgekühlt servieren.

Quiche
mit Porreefüllung

Zutaten für 4 Personen:

- 300 g TK-Blätterteig
- 1 kg geputzter Porree
- 200 g magerer, durchwachsener Speck, in dünne Scheiben geschnitten
- Salz
- Mehl zum Ausrollen
- 3 Eier (Kl. M)
- ⅛ l Schlagsahne
- Muskat, frisch gerieben
- schwarzer Pfeffer aus der Mühle
- Pergamentpapier und getrocknete Hülsenfrüchte zum Blindbacken

Blätterteig auftauen lassen. ◆ Porree in dünne Scheiben schneiden oder mit dem Schneidwerk einer Küchenmaschine hobeln. Gründlich waschen und abtropfen lassen, eventuell in der Salatschleuder. ◆ Eine große Pfanne mit den Speckscheiben auslegen und erhitzen, bis sie leicht angeröstet sind. Speck herausnehmen, beiseite legen. ◆ Abgetropften Porree in die heiße Pfanne rühren, wenig Salz zufügen und auf starker Hitze etwa fünf Minuten weichdünsten, so daß die Feuchtigkeit dabei verdampft. Porree abkühlen lassen. ◆ Den Backofen auf 200 Grad vorheizen. Den Teig auf bemehlter Unterlage rund ausrollen (etwa 35 cm), in eine Springform (28 cm) legen und am Rand behutsam andrücken. Pergamentpapier auf den Teig legen, mehrfach mit einer Gabel durch das Papier den Teig einstechen und mit Hülsenfrüchten bestreuen. Boden auf der untersten Leiste zehn Minuten vorbacken. ◆ Eier mit Sahne, Muskat und Pfeffer verquirlen und mit dem gedünsteten Porree vermengen. ◆ Hülsenfrüchte und Pergament vom vorgebackenen Boden entfernen, Porreemischung einfüllen, mit Speckstreifen belegen und etwa 25 Minuten auf der untersten Leiste backen. ◆ Tip: Die Quiche schmeckt am besten lauwarm. Als Vorspeise reicht sie für 8 Personen. ◆ Backen Sie zwei Quiches, eine davon für den Tiefkühlschrank.

Quitten-Linsen-Gericht

mit Bregenwürsten

Zutaten für 2 Personen:

- 1 l ungesalzene Brühe, ½ Bund Suppengrün
- 1 kleine Zwiebel, 1 kleines Lorbeerblatt
- 2 Gewürznelken, 250 g Linsen
- 1 kleiner Zweig Salbei (etwa 4 Blätter)
- 4 mittelgroße Kartoffeln , 2 Bregenwürste (Hirnwürste, ersatzweise Kochwürste)
- 1 mittelgroße Quitte
- Salz, Cayennepfeffer, Schnittlauch

Die Brühe in einem Topf erhitzen. Das Suppengrün fein würfeln. Zwiebel mit Lorbeerblatt und Nelken bestecken. ◆ Gemüsewürfel ohne Fett unter ständigem Rühren zwei Minuten andünsten. Brühe, Linsen, besteckte Zwiebel und Salbei zufügen, bei mittlerer Hitze zugedeckt zum Kochen bringen. ◆ Kartoffeln mit der Schale kochen. ◆ Würste in Scheiben schneiden. Quitte schälen, entkernen und in Spalten schneiden. ◆ Nach 20 Minuten die Linsen salzen. Wurstscheiben dazugeben, Quittenscheiben obendrauf verteilen und mit Salz und Cayennepfeffer bestreuen. Noch einmal 15 bis 20 Minuten kochen lassen. Die Kartoffeln pellen. ◆ Quitten mit Linsen und Pellkartoffeln auf einen vorgewärmten Teller geben und mit Schnittlauchröllchen bestreuen. ◆ Tip: Dieses Gericht eignet sich auch als Zwischenmahlzeit, die angegebenen Mengen reichen dann für vier Personen.

Rehschlegel

mit Holundersauce

Zutaten für 4 Personen:

Für die Marinade: 200 ml Sonnenblumenöl
1 EL Rotweinessig, 1 TL Korianderkörner
3 Wacholderbeeren (zerquetscht)
1 Rehschlegel (Rehkeule), 1 Zweig Thymian
2 Orangenscheiben mit Schale, 1 Zimtstange
1 Gewürznelke, 1 Lorbeerblatt (zerkleinert)
50 g Butterschmalz, Salz, Pfeffer
Für die Holundersauce: 300 ml kräftiger Rehfond
1 EL Rotweinessig, 2 EL Holunderblütensirup
4 schwarze Pfefferkörner (zerdrückt)
2 Schalotten (fein gehackt), 100 ml roter
Burgunder, 80 g Butter (schaumig gerührt)
100 g schwarze Holunderbeeren

Für die Marinade Sonnenblumenöl, Rotweinessig, Koriander und Wacholder mischen. ◆ Den Rehschlegel häuten und die Abschnitte für den Fond verwenden. Mit der Marinade einreiben. ◆ Thymian, Orangenstücke, zerkleinerte Zimtstange, Nelke und Lorbeerblatt über das Fleisch verteilen. In eine Plastiktüte legen und bei Zimmertemperatur einen halben Tag marinieren. ◆ Den Backofen auf 80 Grad vorheizen. ◆ Butterschmalz in einer großen Gußeisenpfanne oder einem großen Bräter erhitzen. Den Schlegel aus der Marinade nehmen, mit Salz und Pfeffer würzen und rundum etwa 20 Minuten bei mäßiger Hitze braten. Der Schlegel soll leicht angebräunt aussehen. ◆ Das Fleisch im Bräter auf der untersten Einschubleiste in den Ofen schieben und bei 80 Grad etwa eine Stunde ruhen lassen. ◆ Den fertigen Braten vor dem Servieren in dünne Scheiben schneiden. ◆ Für die Sauce den Rehfond mit Rotweinessig, Holunderblütensirup, Pfefferkörnern, Schalotten und Rotwein um ein Drittel einkochen. Absieben. ◆ Die schaumig gerührte Butter nach und nach dazugeben. Die Sauce wird heller und luftig. ◆ Die gewaschenen, gut abgetropften Holunderbeeren darunterziehen. Das Fleisch mit der Sauce übergießen. ◆ Als Beilage eignen sich: Karamelisierte frische Feigen, Selleriepüree, Kartoffelpüree, Rosenkohl, frische hausgemachte Nudeln oder Pilz-Ravioli.

Rhabarberkuchen
mit Mohn

Zutaten für Springform von 24 cm Durchmesser:

500 g Rhabarber
260 g Zucker, 250 g Mehl
1 TL Vanillezucker
1 Messerspitze Backpulver, 1 Prise Salz
180 g Butter (gut gekühlt) und Butter für die Form
3 Eier (Kl. M), 150 ml Milch, 75 ml Sahne
250 g frisch gemahlener Mohn
abgeriebene Schale einer Zitrone
1 EL Zitronensaft
1 EL Rhabarbersaft
30 g Puderzucker
getrocknete Hülsenfrüchte zum Blindbacken

Rhabarber waschen, putzen und in etwa vier Zentimeter lange Stücke schneiden. 60 Gramm Zucker daruntermischen und über Nacht durchziehen lassen. Am nächsten Tag den Rhabarber gut abtropfen lassen. Den Saft auffangen. ◆ Für den Teig das Mehl mit 80 Gramm Zucker, Vanillezucker, Salz und Backpulver mischen. 150 Gramm kalte Butter in kleinen Stücken unter die Mehlmischung geben. Ein Ei zufügen, alle Zutaten schnell zu einem Teig zusammenkneten. Etwa 45 Minuten kühl stellen. ◆ Für die Mohnmasse die Milch mit der Sahne, 30 Gramm Butter und der Zitronenschale zum Kochen bringen. Den Mohn und 120 Gramm Zucker zufügen und in zehn Minuten zu einem dicken Brei kochen. Diesen abkühlen lassen. ◆ Den Backofen auf 200 Grad vorheizen. Den Teig etwa einen halben Zentimeter dick ausrollen, einen Kreis in Springformgröße ausschneiden und in die gefettete Form legen. Aus dem restlichen Teig einen vier Zentimeter hohen Rand formen und ansetzen. Den Teigboden mit Pergamentpapier bedecken, mehrmals mit einer Gabel einstechen und getrocknete Hülsenfrüchte drauflegen. Im vorgeheizten Ofen 15 Minuten vorbacken. Das Papier und die Hülsenfrüchte entfernen. ◆ Zwei verquirlte Eigelb unter die ausgekühlte Mohnmasse rühren. Zwei Eiweiß steif schlagen und vorsichtig unterziehen. Den abgetropften Rhabarber auf dem vorgebackenen Teigboden verteilen, die Mohnmasse darübergeben, glattstreichen und 45 bis 50 Minuten backen. ◆ Den Kuchen in der Form auskühlen lassen. Für einen Guß Zitronensaft, Rhabarbersaft und Puderzucker anrühren und den Kuchen damit bestreichen.

Rinderbäckchen

in Rotwein

Zutaten für 4–6 Personen:

1 kg Rinderbacken (unbedingt vorbestellen)
Salz, Pfeffer aus der Mühle, Pflanzenöl,
50 g Petersilienwurzeln, 100 g Zwiebeln,
50 g Sellerie, 50 g Möhren, 1 EL Tomatenmark
200 ml Portwein, 1 l Rotwein, 200 ml Madeira
½ l Brühe, 1 Lorbeerblatt, 3 Wacholderbeeren
10 g schwarze Pfefferkörner, 1 Zweig Thymian
1 kleiner Zweig Rosmarin, 1 Knoblauchzehe
100 g eiskalte Butter

Die Rinderbacken kurz wässern, abtrocknen und, wenn nötig, häuten. Mit Salz und Pfeffer würzen und in heißem Öl anbraten. ◆ Das Fleisch herausnehmen. Zwiebeln, Sellerie, Möhren sowie Petersilienwurzel klein schneiden, in den Topf geben und langsam braten. ◆ Tomatenmark hinzufügen und mit Portwein, etwas Rotwein und Madeira ablöschen. ◆ Den Vorgang zwei- bis dreimal wiederholen. Dabei die Flüssigkeit immer wieder einkochen lassen. Zum Schluß Rest-Rotwein und Brühe zugießen. Die Gewürze, Kräuter und Knoblauchzehe hinzufügen. ◆ Das Fleisch wieder dazugeben und bei milder Hitze zwei Stunden zugedeckt köcheln lassen. ◆ Sobald das Fleisch weich ist, herausnehmen und warm stellen. ◆ Die Sauce durch ein feines Sieb gießen und eventuell noch reduzieren, abschmecken und als letztes die kalte Butter in Flöckchen nach und nach mit einem Schneebesen unter die Sauce schlagen. ◆ Beilage: Kartoffelklöße, Bandnudeln, Spätzle oder Salzkartoffeln.

Reis

Früher kannte man nur Brüh- und Milchreis. Heute können Feinschmecker auswählen: unter Risotto- und Duftreis, grünem Aplati, schwarzem Wildreis oder rotem Reis, geschält oder ungeschält

Es gibt etwa 10 000 verschiedene Reissorten

Risotto

mit Basilikum

Zutaten für 4 Personen:

100 g Butter, 1 Zwiebel

250 g Risottoreis, 1/4 l trockener Weißwein

etwa 1–1,3 l Hühner- oder Fleischbrühe

1 dicker Strauß Basilikum (etwa 50 g)

3–4 Knoblauchzehen

40 g frisch geriebener Parmesan

Salz, weißer Pfeffer aus der Mühle

Zwei Eßlöffel Butter erhitzen. Die feingewürfelte Zwiebel darin andünsten. Den Reis zufügen und unter ständigem Rühren dünsten, bis er zu glänzen beginnt. ◆ Den Wein dazugießen und verkochen lassen. Schöpfkellenweise nach und nach die kochendheiße Brühe zugießen, dabei immer wieder rühren. ◆ Basilikumblätter von den Stielen zupfen, mit den geschälten Knoblauchzehen, der restlichen Butter und dem frisch geriebenen Parmesan im Mixer auf höchster Geschwindigkeitstufe zu einer leuchtend grünen Paste mixen. ◆ Sobald die Reiskörner nach etwa 20 Minuten gar sind (es sollte dann noch soviel Flüssigkeit im Topf sein, daß sie auseinanderfließen), die Basilikum-Parmesan-Butter unterrühren, gründlich einarbeiten, mit Salz und Pfeffer nachwürzen und sofort servieren.

Rosenkohl
mit Rosinen

Zutaten für 4 Personen:

Die Zwiebel abziehen, fein hacken und im Butterschmalz glasig andünsten. Den Rosenkohl putzen, dabei

1 Zwiebel, 1 EL Butterschmalz, 500 g Rosenkohl

mit dem Küchenmesser am Strunk kreuzweise einritzen, kurz blanchieren und abgetropft dazugeben, gut

200 ml Fleischbrühe, 3 EL Schlagsahne

mit der Zwiebelbutter vermengen. ◆ Mit Brühe ablöschen und etwa 15 Minuten abgedeckt knapp gar

30 g Rosinen (in 2 EL Rum eingelegt)

kochen. ◆ Schlagsahne zufügen und kurz vor dem Servieren die Rosinen mit dem Rum darunterziehen.

1 Prise frisch geriebener Muskat

Mit Muskat abschmecken. ◆ Beilage: Pellkartoffeln oder Kartoffelpüree, Schweine- oder Gänsebraten.

Rotbarbe

im Ofen gegart

Zutaten für 4 Personen:

1 rote oder gelbe Paprikaschote
1 Zucchini, 4 Tomaten, 1 Zwiebel
4 EL Olivenöl, 1 El Basilikum (gehackt)
3 Knoblauchzehen, Salz
schwarzer Pfeffer aus der Mühle
4 Meerbarben (Rougets), 1 Zitrone
1 EL Petersilie (gehackt; zum Bestreuen)
Für die Olivenbutter: 50 g weiche Butter
50 ml kalt gepreßtes Olivenöl
1 EL Basilikum (gehackt), 1 Prise Koriander
Salz, schwarzer Pfeffer aus der Mühle

Die Paprikaschote halbieren, entkernen und in Streifen schneiden. Zucchini ungeschält in Scheiben schneiden. Die Tomaten häuten, Stielansatz entfernen, entkernen, vierteln. Die Zwiebel grob schneiden. ◆ Zwei Eßlöffel Olivenöl in einer großen Bratpfanne erhitzen. Paprikastreifen, Zucchinischeiben und Zwiebelstücke dazugeben und fünf Minuten dünsten; die Hitze so regulieren, daß sich kein Saft bildet. Sobald das Gemüse knapp gar ist, Tomaten, Basilikum und durchgepreßten Knoblauch dazugeben, kurz mitdünsten. Das Gemüse salzen, pfeffern und in eine Auflaufform geben. ◆ Den Backofen auf 200 Grad vorheizen. Die geschuppten, gewaschenen, auf Küchenpapier getrockneten Fische (Haut dranlassen) im restlichen Olivenöl beidseitig kurz anbraten. Auf die Gemüse legen, mit Pergamentpapier abdecken und zehn Minuten im vorgeheizten Ofen garen. Danach wenden und fünf Minuten weiterschmoren. ◆ Alle Zutaten für die Olivenbutter zu einer Paste verarbeiten. Die Fische mit der Olivenbutter belegen und noch einige Minuten im ausgeschalteten Ofen lassen. Das Gericht vor dem Servieren mit Zitronenscheiben garnieren und mit Petersilie bestreuen. ◆ Beilage: Italienisches Brot oder Baguette.

Rotbarsch

in der Kruste

Zutaten für 6 Personen:

- 150 g Mehl (Type 405)
- 1 EL Walnußöl
- 1 Ei
- Salz
- Mehl zum Kneten
- 3 EL Olivenöl
- 1 kg Rotbarschfilet
- Pfeffer aus der Mühle
- 1 Zitrone
- Öl zum Backen

Für die Hülle Mehl mit Walnußöl, Ei, einer Prise Salz und drei Eßlöffeln lauwarmem Wasser verkneten. Auf die bemehlte Arbeitsfläche geben, mit den Händen noch einmal gründlich kneten. Der Teig soll elastisch sein und glänzen. Eine Kugel formen, mit Olivenöl bestreichen und mit einer angewärmten Porzellan- oder Keramikschüssel bedecken. 30 Minuten ruhen lassen. ◆ Den Teig in sechs Portionen teilen. Jedes Stück ausrollen, auf ein großes Küchentuch legen und den Teig vorsichtig über dem Handrücken auseinanderziehen, bis er durchscheinend ist. Die Teigstücke mit dem restlichen Öl bestreichen. ◆ Den Fisch in Portionsstücke schneiden und mit Salz, Pfeffer und Zitronensaft würzen. Je ein Filet auf ein Stück Teig legen und darin einwickeln. ◆ Reichlich Öl in einer tiefen Pfanne erhitzen und die eingewickelten Filets darin von jeder Seite in drei bis vier Minuten goldbraun backen. ◆ Herausheben und auf Küchenpapier abtropfen lassen. Den Fisch auf vorgewärmten Tellern anrichten. ◆ Beilage: grüner oder gemischter Salat, gedünsteter Fenchel oder Chicorée, eine leichte, selbstgerührte Remoulade.

Rote Bete

in Essig

Zutaten für 2 Gläser mit je 1 l Inhalt:

1½ kg junge, möglichst kleine rote Bete mit Blättern
½ EL Salz
1 EL Korianderkörner
2 Kardamomkapseln
4 kleine Knoblauchzehen
½ l Rotweinessig

Bis auf einen Zentimeter die Blätter von den Rote-Bete-Knollen abschneiden. Diese unter fließend kaltem Wasser kräftig abbürsten. ◆ Rote Bete knapp mit Wasser bedeckt mit Salz, Koriander und Kardamom etwa 40 Minuten kochen. Aus dem Sud heben, kurz abschrecken, abkühlen lassen und pellen. ◆ Knoblauch abziehen und vierteln. Essig zum Sud geben und alles kurz aufkochen. Abkühlen lassen. ◆ Rote Bete entweder ganz oder, je nach Größe, halbiert oder geviertelt mit dem Knoblauch in die Gläser legen. Mit dem erkalteten Sud begießen. Die Gewürze gleichmäßig verteilen. ◆ Gläser verschließen. Die rote Bete kann schon nach zwei Tagen probiert werden. Im Kühlschrank hält sie sich vier Wochen. ◆ Beilage: kalter Braten, Salatplatten, Eintopf. ◆ Tip: Legen Sie einmal nach diesem Rezept Möhren ein.

Rotkohl-Süßkartoffel
Auflauf mit Mandel-Käse-Kruste

Zutaten für 4 Personen:

1 kleiner Rotkohl (800 g)
400 g Süßkartoffeln (Batate)
2 mittelgroße säuerliche Äpfel
30 g Butter und Butter für die Form
2 EL Apfelessig, Salz
je 1 gestrichener TL Zimtpulver, Kümmel und brauner Zucker
schwarzer Pfeffer aus der Mühle
300 ml Apfelsaft
2 Eier (Kl. M), 100 g Schlagsahne
50 g geschälte, geriebene Mandeln
80 g geriebener Parmesan oder Emmentaler
1 Prise Muskat, 1 Bund glatte Petersilie

Äußere Blätter abschneiden, den Rotkohl vierteln, abspülen und fein hobeln. Süßkartoffeln schälen, halbieren und in dünne Scheiben schneiden. Äpfel schälen, vierteln, Kerngehäuse entfernen und die Viertel in dünne Schnitze schneiden. ◆ Butter in einer Pfanne erhitzen und den Rotkohl bei Mittelhitze und unter Wenden acht Minuten schmoren. Apfelessig und ein wenig Salz untermischen. Zimt, Kümmel und Zucker miteinander verrühren. ◆ Den Backofen auf 180 Grad vorheizen. Eine große Auflaufform gut mit Butter einstreichen. Zuerst die Hälfte des Rotkohls einschichten und mit schwarzem Pfeffer bestreuen, dann eine Lage Kartoffel- und Apfelschnitze im Wechsel dachziegelartig darauf betten und mit der Hälfte der Gewürzmischung bestreuen. ◆ Die zweite Rotkohlhälfte daraufgeben und mit Pfeffer bestreuen, mit einer Kartoffel-Apfel-Schicht und den restlichen Gewürzen abschließen. Apfelsaft übergießen und 40 Minuten im vorgeheizten Ofen offen garen. ◆ Eigelb mit Sahne, Mandeln, Käse, einer guten Prise Salz, wenig Muskat und gehackter Petersilie verrühren. Eiweiß zu steifem Schnee schlagen und unterheben. ◆ Nach Ende der Garzeit den Auflauf mit dieser Mischung bedecken. Backofen auf 250 Grad schalten und den Auflauf acht bis zehn Minuten überbacken, bis die Kruste sich goldbraun färbt.

Safranrisotto

mit Parmesan

Zutaten für 4 Personen als Vorspeise:

- 1 EL Olivenöl
- 1 Zwiebel (fein gehackt)
- 1 Knoblauchzehe (durchgepreßt)
- 200 g Rundkornreis (z. B. Carnaroli)
- 100 ml trockener Weißwein
- 1 Beutelchen Safranpulver oder -fäden
- 600–700 ml Geflügelbrühe
- 100 g Parmesan (frisch gerieben)
- 20 g Butter
- Salz
- Pfeffer aus der Mühle

Alle Zutaten bereitstellen. Die Geflügelbrühe soll kochendheiß sein. ◆ Das Öl mäßig erhitzen, damit die Zwiebeln und der Reis nicht bräunen. Die Zwiebel mit der durchgepreßten Knoblauchzehe dazugeben. Bei milder Hitze glasig andämpfen. ◆ Den Reis zufügen und unter Rühren auch glasig dünsten. ◆ Mit dem Weißwein ablöschen und unter Rühren verdampfen lassen, die Temperatur etwas höher stellen. ◆ Den Safran in der kochendheißen Brühe lösen. Etwa ein Drittel der Brühe zum Reis gießen. Aufkochen, unter Rühren die Flüssigkeit verdampfen lassen. ◆ Ein weiteres Drittel Brühe zugießen, weiter umrühren und leise köcheln. Der Reis quillt dabei nach und nach auf und nimmt die Flüssigkeit langsam auf. Er soll immer leicht kochen. ◆ Die restliche Brühe zugießen und den Risotto unter fortwährendem Rühren noch so lange köcheln, bis er »suppig« wird, also sehr feucht bleibt und das Reiskorn im Kern noch »al dente« ist; die Kochzeit beträgt etwa 20 Minuten. ◆ Parmesan und Butter daruntermischen, eventuell mit Salz und Pfeffer etwas würzen. In vorgewärmten Suppentellern servieren.

◆ Tip: Das Bereitstellen der Zutaten ist beim Risotto nötig, weil während des Rührens keine Zeit bleibt, sie zusammenzusuchen. In der Fachsprache heißt dieser Vorgang »Mise en place«.

Salz

Kriege wurden darum geführt und Völker erpreßt.

In früheren Jahrhunderten war Salz eine Kostbarkeit.

Heute ist es unser billigstes Würzmittel

Dieses Bild zeigt einen Salzkristall in Originalgröße

Salzkrusten-Kartoffeln

mit Mojo

Zutaten für 4 Personen:

- 800 g kleine, festkochende Kartoffeln (Hansa, Linda, Forelle)
- 4–5 EL grobes, graues Meersalz

Für die Sauce:

- 2 Knoblauchzehen
- 1 getrocknete Chilischote, Salz
- 2 TL mildes Paprikapulver
- 1 gute Messerspitze gemahlener Kreuzkümmel
- 2 Scheiben Toastbrot
- 8 EL gutes, kaltgepreßtes Olivenöl
- 4 EL Rotweinessig

Die Kartoffeln gründlich waschen und in einen Topf geben. So viel Wasser zufügen, daß sie noch nicht bedeckt sind. Mit Salz überstreuen. Kartoffeln fünf Minuten bei starker Hitze zugedeckt kochen, dabei ein- bis zweimal schütteln. ◆ Herd auf Mittelhitze schalten und die Kartoffeln ohne Deckel je nach Größe 15 bis 20 Minuten weitergaren, gelegentlich rütteln. Dann erneut sechs bis sieben Minuten auf starke Hitze schalten, das restliche Wasser verdampfen lassen und die Kartoffeln im trockenen Topf rundum leicht anrösten. Sie sind zuletzt mit einer Salzkruste überzogen. Kartoffeln in einer Schüssel mit einem Tuch bedeckt warm halten. ◆ Für die Sauce Knoblauch abziehen und mit der Chilischote und einem halben Teelöffel Salz im Mörser fein zerstoßen. Paprikapulver und Kreuzkümmel unterarbeiten. ◆ Toastbrot in Wasser einweichen, ausdrücken und mit der Gabel zu einer Paste zerdrücken. Die Würzmischung aus dem Mörser, nach und nach Olivenöl sowie den Essig unterrühren. Die Sauce mit zwei bis drei Eßlöffeln Wasser verdünnen. ◆ Sauce mit den Kartoffeln servieren. Die salzigen Schalen entfernt jeder selbst bei Tisch und gibt etwas Sauce auf die Kartoffeln.

Schafskäse

auf Tomatengemüse

Zutaten für 4 bis 6 Personen:

- 2 mittelgroße Auberginen (500 g)
- 1 kg aromatische Fleischtomaten
- 2 mittelgroße Zucchini, etwa 300 g
- Thymian, Rosmarin, Oregano, je ein Zweig abgestreift und gehackt
- Salz, schwarzer Pfeffer aus der Mühle
- 2–4 Knoblauchzehen
- 75 ml kaltgepreßtes Olivenöl
- 300 bis 400 g Schafskäse

Ganze Auberginen über Wasserdampf garen, bis sie weich sind. Abkühlen lassen und in dünne Scheiben schneiden. Stielansätze aus den Tomaten heraus-, Tomaten in dicke Scheiben, Zucchini in dünne Scheiben schneiden. Gemüse auf einem großen Tablett locker ausbreiten. Kräuter, Salz und Pfeffer über die Gemüsescheiben streuen. ◆ Den Backofen auf 200 Grad vorheizen. Knoblauch in das Öl pressen. Eine Auflaufform mit etwas Knoblauch-Öl einstreichen. Gemüsescheiben gut gemischt möglichst senkrecht in die Form schichten. Die Hälfte des Öls mit einem Pinsel auf dem Gemüse verteilen. ◆ Den Auflauf 30 Minuten im vorgeheizten Ofen auf der mittleren Leiste backen. Schafskäse in Würfel schneiden, über den Auflauf verteilen und kurz auf der obersten Leiste oder unter dem Grill fünf Minuten erwärmen und leicht bräunen. Aufpassen, daß der Käse nicht zu sehr zerläuft. ◆ Vor dem Servieren das restliche Olivenöl über den Käse träufeln. ◆ Beilage: warmes italienisches Brot oder Fladenbrot und im Sommer frisches Basilikum. ◆ Tip: Dieses Essen schmeckt auch sehr gut kalt. ◆ Tip: Im Winter verwenden Sie getrocknete Kräuter. Sie brauchen knapp zwei Teelöffel italienische oder provençalische Kräutermischungen.

Schnecken

mit Parmesan überbacken

Zutaten für 4 Personen:

- 1 Möhre, 1 Stange Bleichsellerie
- 1 Schalotte, ½ l trockener Weißwein
- 4 Dutzend Schnecken (gegart, mit Häuschen)
- 2 EL frisch geriebener Parmesan
- 2 Knoblauchzehen, 1 Bund glatte Petersilie
- 1 Eigelb, 1 cl Cognac
- frisch geriebene Muskatnuß
- weißer Pfeffer aus der Mühle, Salz
- 1–2 TL frischer Zitronensaft
- 200 g zimmerwarme Butter

Möhre, Sellerie und Schalotte grob hacken und mit dem Weißwein zehn Minuten köcheln. Dann vom Herd nehmen. Die Schnecken in den Sud legen und so lange darin ziehen lassen, bis alles erkaltet ist. ◆ In der Zwischenzeit den Käse und alle übrigen Zutaten, bis auf die Butter, im Mixer zu einer Paste verarbeiten. Unter die Butter rühren, kräftig abschmecken. ◆ Den Backofen auf 180 Grad vorheizen. ◆ In jedes Schneckenhaus etwas Würzbutter füllen, die Schnecke tief hineinschieben und mit Butter verschließen. Mit der Öffnung nach oben in feuerfeste Schneckenteller setzen und im vorgeheizten Ofen etwa zehn Minuten gratinieren, bis die Butter brodelt. ◆ Beilage: frisches, helles Bauernbrot und als Getränk der gleiche trockene Weißwein, mit dem gekocht wurde. ◆ Tip: Schnecken in Dosen bekommen Sie mit Schneckenhäusern in Delikateßläden. ◆ Tip: Wenn Sie keinen Schneckenteller besitzen, dann streuen Sie eine dicke Lage grobes Salz auf einen feuerfesten Teller, um darin die Schneckenhäuser zu plazieren.

Schokoladentorte

aus Wolfenbüttel

Für eine Springform mit 22 cm Durchmesser:
Butter für die Springform
200 g Marzipanrohmasse, 5 Eigelb (Kl. M)
½ TL gemahlener Zimt, 1 Prise Salz
6 Eiweiß (Kl. M), 100 g Zucker, 50 g Mehl
50 g guter Kakao
1 Scheibe Toastbrot, geröstet und gerieben
Für die Vanillecreme: 1 Eigelb (Kl. M)
70 g Zucker, 25 g Speisestärke, 400 ml Milch
1 Prise Salz, ½ Vanilleschote
Für die Kakaocreme: 1 Eigelb (Kl. M)
70 g Zucker, 15 g Kakao, ½ Vanilleschote
20 g Speisestärke, 400 ml Milch, 1 Prise Salz
Borkenschokolade zum Garnieren

Den Backofen auf 200 Grad vorheizen. Springform einfetten. Marzipanrohmasse in eine große Schüssel bröckeln und mit zwei Eßlöffeln warmem Wasser, Eigelb, Zimt und Salz mit dem Handrührgerät schaumig rühren. ◆ Eiweiß steif schlagen, Zucker einrieseln und kurz weiter schlagen. Schnee unter die Marzipanmasse heben. ◆ Mehl mit Kakao mischen, darübersieben, geriebenes Brot überstreuen, den Teig behutsam vermengen, in die Form füllen und auf der untersten Leiste 35 bis 45 Minuten backen (Nadelprobe machen). Kuchen danach auskühlen lassen. ◆ Für die Vanillecreme Eigelb, Zucker und Stärke glattrühren, die Milch zugießen, Salz und Mark aus aufgeschlitzter Vanilleschote zufügen und unter Rühren zu einer dicklichen Creme kochen. ◆ Die Kakaocreme wird auf die gleiche Weise zubereitet, lediglich vor dem Zugießen der Milch Kakao mit Eigelb, Zucker und Stärke verrühren. Beide Cremes kalt werden lassen. ◆ Den Kuchen in drei Böden schneiden. Den ersten Boden mit Vanillecreme, den zweiten mit Schokoladencreme bestreichen und den dritten daraufsetzen und mit den Creme-Resten bestreichen. Die Torte rundum mit Borkenschokolade bestreuen. ◆ Tip: Sie können Borkenschokolade selbst herstellen, indem Sie dunkle Schokolade mit einem kleinen Stück Butter schmelzen, auf eine Platte streichen, erkalten lassen und mit einem Messer oder Metallspatel abschaben.

Schwarzwurzeln

überbacken

Zutaten für 4 Personen:

- 800 g Schwarzwurzeln
- Salz, Essig
- 40 g Butter und Butter für die Form
- 3 EL Vollkornmehl (30 g)
- 60 g geriebener Parmesankäse
- schwarzer Pfeffer aus der Mühle
- etwas Zitronensaft
- 2 Eier (Kl. M, getrennt)
- 1 Bund Schnittlauch

Schwarzwurzeln mit einer harten Bürste gründlich waschen, schälen, nochmals abspülen und sofort in einen Topf mit Salzwasser und einem Schuß Essig geben. Die Wurzeln in 15 bis 20 Minuten weichkochen. ◆ Den Backofen auf 200 Grad vorheizen. Eine flache Auflaufform mit Butter einstreichen. Schwarzwurzeln abgießen, Gemüsewasser auffangen. Restliche Butter in einem Topf schmelzen, Mehl dazurühren, 500 ml der Gemüsebrühe zugießen und ohne Deckel zu einer dickflüssigen Sauce einkochen. ◆ Parmesankäse in die Sauce rühren, danach mit Salz, Pfeffer und Zitronensaft kräftig abschmecken. Eigelb in die nicht mehr kochende Sauce rühren, Eiweiß steif schlagen, unterheben, sofort über die Schwarzwurzeln gießen und in der Mitte des Ofens etwa 10 bis 15 Minuten überbacken. ◆ Schnittlauch in Röllchen schneiden und überstreuen. ◆ Beilage: Pellkartoffeln und dünne Räucherlachsscheiben oder hauchdünn geschnittener gekochter oder roher Schinken oder geräucherte Putenbrust.

Schweinebraten

nach Florentiner Art

Zutaten für 4 Personen:

5 kleine Zweige Rosmarin
2–3 Salbeiblätter, 3 Knoblauchzehen
evtl. 1 Prise Fenchelsamen (nach Geschmack)
1 kg magerer Schweinenacken oder Kotelettstück ohne Knochen (Carré)
3 EL Olivenöl, Salz
schwarzer Pfeffer aus der Mühle

Die Nadeln von einem Rosmarinzweig und die Salbeiblätter fein hacken und mit den abgezogenen Knoblauchzehen und evtl. den Fenchelsamen im Mörser zu einer Paste verkneten. ◆ In das Fleisch mit einer Spicknadel oder einem Messer drei bis vier Löcher stechen und die Öffnungen mit der Gewürzmischung füllen. Das Fleisch zu einem Braten schnüren. Die restlichen Rosmarinzweige auf beiden Seiten mit der Schnur an das Fleisch binden. ◆ Das Fleisch mit dem Olivenöl bestreichen und mit Salz und Pfeffer würzen. Am Spieß über dem Holzkohlenfeuer oder im Backofen bei 175 Grad etwa zwei Stunden braten.

◆ Tip: Zum Auffangen des Fleischsaftes unter den Spieß oder Grill ein Blech schieben und darin gleichzeitig Kartoffeln oder andere Beilagen garen. Der Braten kann warm oder auch kalt serviert werden.

Selleriescheiben

gebraten

Zutaten für 4 Personen als Beilage:

- 1 große Sellerieknolle (etwa 1 kg)
- 1 Zwiebel
- 2 EL Estragon- oder Weißweinessig
- 4 gehäufte EL Mehl
- 4 gehäufte EL Semmelbrösel
- 2 Eier
- Salz
- schwarzer Pfeffer aus der Mühle
- 8 EL Sonnenblumenöl zum Ausbacken

Von der Sellerieknolle das Grün abschneiden. Die Knolle in ein Zentimeter dicke Scheiben schneiden, dann schälen. Zwiebel abziehen und vierteln. Ein viertel Liter Wasser, Zwiebel und den Essig in einen Topf geben und die Selleriescheiben darin 12 bis 15 Minuten zugedeckt garen, sie sollen noch leicht Biß haben. ◆ Mehl, Semmelbrösel und Eier getrennt in tiefe Teller geben. Eier mit der Gabel verquirlen und mit Salz und Pfeffer würzen. Die leicht abgekühlten Selleriescheiben zuerst in Mehl, dann in Ei und zuletzt in Semmelbrösel wenden. Sie sollen von allen Seiten gleichmäßig paniert werden. ◆ Öl in einer großen beschichteten Pfanne erhitzen und die Selleriescheiben darin bei Mittelhitze von beiden Seiten goldbraun braten. Bis zum Servieren warm stellen. ◆ Beilage: Kartoffelsalat, Salzkartoffeln, gemischter oder grüner Salat. ◆ Tip: Sellerie ist gesund – Mineralstoffe wie Eisen, Calcium, Schwefel und Phosphor, daneben viel Vitamin A, E, C und B machen Sellerie zu einem allgemein stärkenden, blutreinigenden, hustenmildernden und stark entwässernden Heilmittel.

Spargelgratin

mit Orangen

Zutaten für 4 Personen als Vorspeise:

- 1 kg grüner oder weißer Spargel
- Zitronensaft, Salz, etwas Butter
- Zucker (zum Spargelkochen)
- Saft von 2 Orangen
- Schale von einer unbehandelten Orange
- 2 Eier (Kl. M)
- 200 ml Sahne
- 100 ml steifgeschlagene Sahne
- schwarzer Pfeffer aus der Mühle
- 1 TL Butter für die Gratinform

Den Spargel waschen und um zwei bis drei Zentimeter kürzen, von oben nach unten großzügig schälen (grüner Spargel kann ungeschält verwendet werden, man schneidet nur die holzigen Enden ab). Fünf bis zehn Minuten in Wasser mit Zitronensaft einlegen, damit sich die Stangen nicht verfärben. In reichlich kochendem Salzwasser mit einem Stückchen Butter und etwas Zucker knapp weich kochen (je nach Sorte und Saison 15 bis 20 Minuten). ◆ Vom gekochten Spargel die Spitzen fünf Zentimeter lang, den Rest in etwa zwei Zentimeter lange Stücke schneiden. ◆ Den Spargelsud auf ein achtel Liter einkochen. Mit 2 Eßlöffel Zironensaft, Orangensaft und Orangenschale einkochen lassen, bis eine sirupartige Essenz entsteht. ◆ Die Eier mit der Sahne und der Spargelessenz im Wasserbad aufschlagen und kalt rühren. Die steifgeschlagene Sahne unterziehen und mit Salz und Pfeffer abschmecken. ◆ Den Backofen auf 220 Grad vorheizen. Eine Gratinform mit Butter einstreichen. Die Spargelstücke hineinlegen, mit der Gratinmasse bedecken und auf der zweiten Einschubleiste von unten acht Minuten überbacken. Zum Schluß die Spargelspitzen dekorativ auf das Gratin legen. ◆ Beilage: Salzkartoffeln, Toast oder Baguette.

◆ Tip: Gewachste Orangen mit heißem Wasser waschen und mit einem Tuch kräftig abreiben.

Spinat-Ei-Pfanne

mit Knoblauch und Parmesankäse

Zutaten für 2–3 Personen:

- 1 Paket TK-Blattspinat oder grob gehackter frischer Spinat
- 1 Zwiebel, 1 Knoblauchzehe, 60 g Butter
- Salz, schwarzer Pfeffer aus der Mühle
- 1 Prise Muskat
- 2–3 Stengel frisches Basilikum (ersatzweise 1 TL getrocknetes oder Basilikumpaste)
- 1 TL Zitronensaft, 2–3 Eier (oder auch mehr)
- 30 g Parmesan im Stück

Unaufgetauten Spinat in eine große Pfanne legen und nach Packungsangaben auftauen. Die restliche Flüssigkeit verdampfen lassen. Das Gemüse an eine Pfannenseite schieben. ◆ Während der Spinat auftaut, Zwiebel und Knoblauch abziehen. Auf der freien Pfannenseite 40 g Butter erhitzen und die Zwiebel und den Knoblauch darin glasig dünsten. ◆ Alles verrühren und den Spinat mit Salz, Pfeffer und Muskat abschmecken. Die Basilikumblättchen, wenn nötig, abspülen, auseinanderzupfen und den Spinat damit würzen. Mit Zitronensaft abschmecken. ◆ Im Spinat zwei bis drei Mulden bilden, in jede ein Butterflöckchen geben und jeweils ein Spiegelei in die Mulde setzen. Den Deckel auf die Pfanne legen und die Eier bei sanfter Hitze stocken lassen, anschließend salzen und pfeffern. ◆ Den Parmesankäse fein hobeln und in der letzten Minute vor dem Servieren über Spinat und Eier streuen. ◆ Beilage: Weißbrot oder Kartoffelpüree.

Sprossensalat

aus Linsen mit Orangen

Zutaten für 4 Personen:

- etwa 250 g Linsensprossen (von 100 g getrockneten Linsen gezogen)
- 2 mittelgroße Orangen
- 1 mittelgroße rote Zwiebel
- 1 TL geriebener frischer Ingwer
- 2–3 EL Apfelessig
- 4 EL Walnußöl
- Salz
- schwarzer Pfeffer aus der Mühle
- 1 Prise Cayennepfeffer
- ½ Friséesalat
- 12 Walnußhälften

Linsensprossen in ein Sieb geben, abspülen und abtropfen lassen. Orangen schälen, die Filets zwischen den Häuten herausschneiden und den dabei austretenden Saft auffangen. ◆ Zwiebel abziehen, vierteln und in dünne Streifen schneiden. Sprossen, Orangen und Zwiebel in eine Schüssel geben und gut mischen. ◆ Aus aufgefangenem Orangensaft, Ingwer, Essig und Öl, Salz, Pfeffer und Cayennepfeffer eine Salatsauce rühren. Friséesalatblätter waschen, gut trockenschütteln und vier Teller damit auslegen. Sprossensalat darauf verteilen und mit der Salatsauce beträufeln. Nüsse grob hacken und dann über den Salat streuen. ◆ Beilage: geröstetes Bauernbrot. ◆ Tip: Sie können Linsensprossen selbst ziehen – 100 g Linsen über Nacht in Wasser einweichen, abgießen, abspülen und in einem Glas (zum Beispiel Einmachglas ohne Gummiring), am besten bei Zimmertemperatur über Kopf gestellt so aufbewahren, daß alle Flüssigkeit immer ablaufen kann. Die Linsen zweimal täglich abspülen und wie beschrieben aufbewahren. Nach etwa vier bis fünf Tagen sind die Sprossen groß genug. Das Wachstum hängt von der Raumtemperatur ab. ◆ Tip: Etwas bekömmlicher werden die Sprossen, wenn man sie vor der Verarbeitung kurz in kochendes Salzwasser taucht. ◆ Tip: Besonders gut eignen sich kleine grüne Linsen.

Teekuchen

mit getrockneten und kandierten Früchten

Zutaten für etwa 10 Scheiben:

50 g getrocknete Pflaumen ohne Stein
100 g kandierte Früchte (kleingehackt, z. B. Zitronat, Orangeat, Kirschen, Datteln)
50 g Rosinen, 3 EL Weinbrand
130 g Butter und etwas Butter für die Form
130 g Zucker, 3 Eier (Kl. M), 150 g Mehl (Type 550)
1 gestrichener TL Backpulver, 1 Prise Salz
Semmelbrösel zum Ausstreuen

Die Pflaumen klein hacken. Mit den kandierten Früchten, den Rosinen und dem Weinbrand eine halbe Stunde durchziehen lassen. ◆ Den Backofen auf 180 Grad vorheizen. Butter mit dem Zucker und den Eiern schaumig rühren. ◆ Das Mehl mit dem Backpulver und dem Salz vermengen und unter die Buttermischung rühren. ◆ Die Früchtemischung mit dem Weinbrand unter den Teig geben. ◆ Den Teig in eine gefettete, mit Semmelbröseln ausgestreute Kastenform von einem Liter Inhalt füllen und im vorgeheizten Ofen 50 bis 60 Minuten goldbraun backen. ◆ Den Kuchen in der Form kalt werden lassen und anschließend nach Belieben mit kandierten Früchten verzieren. ◆ Tip: Backen Sie gleich zwei Teekuchen, heben Sie einen im Tiefkühlfach auf. Schneiden Sie ihn nach dem Erkalten in Scheiben, die Sie nach Bedarf einzeln der Tiefkühlbox entnehmen können.

Tintenfisch

Kopffüßler wie Tintenfische, Kraken und Kalmare gab's früher nur fritiert »beim Griechen«. Heute sind sie überall zu bekommen – frisch und raffiniert zubereitet

Beliebt sind die zarten, nur zehn Zentimeter langen Tintenfische

Tintenfische

und Muscheln mit Spaghetti

Zutaten für 4 Personen:

- 500 g Miesmuscheln, Venusmuscheln oder Herzmuscheln
- 1 große Zwiebel
- 1 EL Butter
- ½ Glas Weißwein
- 1 Lorbeerblatt
- ½ TL schwarze Pfefferkörner
- ½ Bund glatte Petersilie
- 2 Knoblauchzehen
- 1 kleine rote Peperoni
- 3 Flaschentomaten
- 250 g kleine Kalmare
- 3 EL Olivenöl
- 400 g Spaghetti

Die Muscheln gründlich waschen, offene wegwerfen. Zwiebel abziehen, würfeln und in Butter glasig dünsten, mit Weißwein ablöschen. Lorbeerblatt und Pfefferkörner dazugeben und aufkochen lassen. Die Muscheln hineingeben, zugedeckt bei größter Hitze zum Kochen bringen und etwa zwei Minuten kochen lassen, bis alle Muscheln geöffnet sind. ◆ Petersilie und Knoblauch hacken. Peperoni längs halbieren, die Kerne entfernen, die Schote in sehr kleine Würfel oder Streifen schneiden. Mit Gummihandschuhen arbeiten oder anschließend die Hände gründlich waschen. Tomaten überbrühen, abziehen, Stielansätze herausschneiden und grob zerteilen. ◆ Kalmare putzen und waschen. Die Tentakel fein hacken, die Körper in Ringe schneiden. ◆ Öl in einer tiefen Pfanne erhitzen, Petersilien-Knoblauch-Mischung und Peperoni etwa drei Minuten sanft darin andünsten. Kalmare und Tomatenstücke zufügen, leicht salzen. Alles zugedeckt etwa 15 Minuten dünsten, bis die Kalmare weich sind. ◆ Inzwischen die Muscheln aus den Schalen lösen. Geschlossene wegwerfen. Miesmuscheln grob hacken, kleine Muschelsorten ganz lassen. Zum Sugo in die Pfanne geben. 250 ml Muschelsud durch ein Tuch gießen, in die Pfanne geben. ◆ In einem zweiten Topf die Spaghetti in reichlich leicht gesalzenem Wasser »al dente« kochen. Abgetropft in die Pfanne zum Sugo geben, alles etwa eine Minute schmoren und dabei durchschwenken, wenn nötig, mit Salz abschmecken. Auf vorgewärmte Teller geben und sofort servieren.

Tomate

Die tropische Wildpflanze wuchs ursprünglich als »tomatl« in den Anden und kam zunächst, wie die Kartoffel, als Zierpflanze nach Europa. Es dauerte lange, bis delikate Züchtungen die Küchen eroberten

Die Fleischtomate häutet sich nach dem kochenden Wasserbad

Tomatensauce
mit Basilikum

Zutaten für 4 Personen:

1 EL Olivenöl
½ Zwiebel (feingehackt)
½ Knoblauchzehe (durchgepreßt)
1 kg vollreife aromatische Tomaten
6 Blätter Basilikum
etwas Gemüsebrühe
Salz, schwarzer Pfeffer aus der Mühle
1 Prise Zucker

Das Olivenöl erhitzen, Zwiebel und Knoblauch dazugeben und glasig andünsten. ◆ Stielansätze aus den Tomaten herausschneiden. Tomaten grob würfeln, die Hälfte der Basilikumblätter grob hacken, beides zur Zwiebelmasse geben. ◆ Alles 30 bis 50 Minuten sanft kochen. ◆ Je nach Flüssigkeitsgehalt der Tomaten etwas entfettete Brühe zugießen. ◆ Mit Salz, Pfeffer und Zucker würzen. ◆ Durch ein feines Sieb streichen, die restlichen Basilikumblätter ganz kurz vor dem Servieren in Streifen schneiden (sie laufen sonst schwarz an!) und sofort unter die Tomatensauce ziehen. ◆ Beilage: Teigwaren, Risotto, Gemüse, Fisch oder Fleisch. ◆ Tip: Im Hochsommer, dann, wenn die Tomaten ihr intensivstes Aroma entfaltet haben und wenn sie am günstigsten zu kaufen sind, sollten Sie mehr Sauce kochen und für den Winter einfrieren. Fragen Sie Ihren Händler nach Suppentomaten!

Tomatensülze

mit Kresse

Zutaten für 4 Personen:

- 6 Blatt weiße Gelatine, 500 g Dosen-Tomaten
- 1–2 Knoblauchzehen, 1–2 Frühlingszwiebeln
- 2 EL Olivenöl, 1–2 TL Rotweinessig
- Salz, Zucker, Tabasco
- Zum Anrichten: einige schöne Blätter
- Endivien- oder Eichblattsalat
- 1 Kästchen Gartenkresse, etwas Olivenöl

Die Gelatine nach Anweisung im kaltem Wasser einweichen. Die Tomaten zusammen mit dem Saft im Mixer pürieren oder durch ein Sieb streichen. ◆ Knoblauch abziehen, Frühlingszwiebeln putzen, sehr fein hacken und ganz kurz im Olivenöl anschmoren. Das Tomatenpüree dazumischen, erhitzen und mit Essig, Salz, Zucker und Tabasco sehr würzig abschmecken. ◆ Die Gelatine ausdrücken und unter das Püree rühren, bis sie sich ganz aufgelöst hat. Dann in eine flache Schüssel füllen, erkalten lassen und etwa drei Stunden in den Kühlschrank stellen. ◆ Auf eine Platte stürzen, mit den Salatblättern und der Kresse anrichten. Den Salat mit Olivenöl beträufeln. ◆ Beilage: Baguette, Eier- oder Thunfischsalat.

◆ Tip: Die warme Masse sehr kräftig würzen, weil Gelee beim Erkalten immer etwas Geschmack verliert.

Topinambur

mit Kräuterhollandaise

Zutaten für 4 Personen:

125 g Butter

1 kg Topinambur, Salz

1 Becher Sahnejoghurt (150 g)

Kerbel, Petersilie und etwas Schnittlauch

1 Ei, Cayennepfeffer

1 TL Zitronensaft

1 TL körniger Senf

Butter bei milder Hitze schmelzen lassen. ◆ Gewaschene Topinambur schälen und in Salzwasser garen oder besser in einem Sieb über Salzwasser dämpfen; die Garzeit von 10 bis 15 Minuten hängt von der Knollengröße ab. ◆ Joghurtbecher zum Anwärmen in ein warmes Wasserbad stellen. Kräuter hacken, etwas Kerbel und Petersilie zurückbehalten. ◆ Ei, Salz, Cayennepfeffer, Zitronensaft und Senf mit dem Handrührer im heißen Wasserbad verquirlen. ◆ Warme Butter nach und nach zugeben, alles zu einer dicklichen Masse rühren – aber nicht über 70 Grad erhitzen. ◆ Lauwarmen Joghurt cremig rühren und mit den gehackten Kräutern unter die Sauce heben. ◆ Gekochte Topinambur auf vorgewärmte Teller geben, mit der Kräuterhollandaise überziehen und mit restlichen Kräutern garnieren. ◆ Beilage: Schinken und Pellkartoffeln. ◆ Tip: Topinambur gibt es nur in den kalten Monaten (Oktober bis März).

Vermouth

Senfsauce zu Kalbskotelett

Zutaten für 4 Personen:

- **4 Kalbskoteletts (2 cm dick)**
- **Salz, schwarzer Pfeffer aus der Mühle**
- **Mehl zum Wenden**
- **2 EL Olivenöl**
- **30 ml trockener Vermouth (2–3 EL)**
- **Zitronensaft, 1–2 TL Dijonsenf**
- **60 g eiskalte Butter**

Die Koteletts mit der Hand leicht flach drücken, mit Salz und Pfeffer einreiben und in Mehl wenden. Das Olivenöl in einer Pfanne erhitzen und die Koteletts darin bei mittlerer Hitze auf jeder Seite fünf Minuten braten. Herausnehmen und warm stellen. ◆ Den Bratfond mit Vermouth ablöschen. Die Sauce mit Salz, Pfeffer, Zitronensaft und Senf kräftig abschmecken. Die kalte Butter flöckchenweise einschwenken. Die Koteletts auf vorgewärmten Tellern anrichten und mit der Sauce überziehen. ◆ Beilage: Bandnudeln, Reis oder Kartoffeln. ◆ Tip: Im 18. Jahrhundert experimentierte ein Schnapshändler aus dem Piemont mit Moscato-Weinen, mischte sie mit Wermutkraut und orientalischen Gewürzen. Den »Vermouth di Torino« verkaufte er zunächst in seiner »bottega«, dann in alle Welt.

Weihnachts-Printen

mit Kandis

Zutaten für etwa 30 Stück:

450 g dunkler Zuckerrübensirup
75 g feiner Kandiszucker (Kümmelkandis)
100 g Zucker, 50 g Orangeat
1 TL Vanillezucker
abgeriebene Schale von einer viertel unbehandelten Zitrone
1 TL gemahlener Zimt, 1 TL gemahlener Anis
1 TL gemahlener Ingwer
½ TL gemahlener Koriander
500 g Weizenmehl (Type 550)
1 TL Kardamomkapseln, 15 g Pottasche
2 cl Weinbrand
50 g Mandelblättchen

Rübensirup mit drei Eßlöffeln Wasser erhitzen und vom Herd nehmen. Kandis und Zucker zufügen und die Mischung unter häufigem Rühren abkühlen lassen. ◆ Inzwischen das Orangeat sehr fein hacken. Vanillezucker, Zitronenschale, Zimt, Anis, Ingwer und Koriander in einer Schüssel mit 450 g Mehl mischen. ◆ Kardamomkörner aus den Kapseln lösen, in der Pfeffermühle mahlen und zum Mehl in die Schüssel geben. ◆ Pottasche in Weinbrand auflösen. Sirup, Mehlmischung und aufgelöste Pottasche zu einem festen Teig verkneten. ◆ Den Teig mit etwas Mehl bestäuben und mit einem Deckel oder einer Folie bedecken. Die Schüssel für mindestens drei Tage, besser länger, bei Zimmertemperatur stehen lassen. ◆ Den Backofen auf 180 Grad vorheizen. Den Teig auf etwas Mehl und den Mandelblättchen etwa einen halben Zentimeter dick ausrollen und in drei mal acht Zentimeter große Streifen schneiden. Mit jeweils etwa drei Zentimeter Abstand auf ein mit Backpapier belegtes Blech setzen und auf mittlerer Schiene zwölf bis 15 Minuten backen. ◆ Das Gebäck kurz abkühlen lassen und vom Papier lösen, verpacken und kühl aufbewahren. ◆ Tip: Zum Bestreichen 200 Gramm Kuvertüre im Wasserbad flüssig werden lassen und kalt stellen, bis sie halb fest ist, und dann wieder ins Wasserbad stellen und flüssig werden lassen. Die Hälfte der Printen damit bepinseln. Den Rest des Gebäcks nach Belieben mit Glasur überziehen.

Weinblätter

um gegrillte Rotbarben

Zutaten für 4 Personen:

- 8 vom Fischhändler geschuppte und ausgenommene Rotbarben von je etwa 125 g
- 6 EL Olivenöl
- 6 EL Zitronensaft
- 1 Bund Dill
- 2 kleine Zweige Fenchelgrün
- 16 frische oder eingelegte Weinblätter
- Salz
- schwarzer Pfeffer aus der Mühle
- 2 EL Öl zum Einpinseln

Rotbarben unter fließend kaltem Wasser waschen und mit Küchenpapier abtrocknen. Öl und Zitronensaft verrühren. Die Kräuter waschen, trockenschütteln, die Blättchen grob hacken und unter die Öl-Zitronen-Mischung rühren. Die Barben innen und außen mit dem Kräuteröl einreiben und eine Stunde zugedeckt darin liegen lassen. Den Grill vorheizen. ◆ Die frischen Weinblätter waschen, fünf Minuten in sprudelnd kochendem Wasser blanchieren und kalt abschrecken, zwischen Küchentüchern trocknen. Eingelegte Weinblätter nur waschen und trocknen. ◆ Je zwei Weinblätter überlappend nebeneinander legen und je eine Barbe darauf betten, leicht mit Salz und Pfeffer bestreuen und in die Blätter einwickeln. Diese mit Küchengarn umwickeln oder mit Holzstäbchen befestigen. Die Päckchen rundum mit Öl einpinseln. ◆ Die Barben einzeln nebeneinander auf den heißen Grill legen. Man kann sie aber auch zu mehreren zwischen zwei Grillgitter klemmen. Die Fische von jeder Seite drei Minuten grillen. Die Weinblätter erst auf den Tellern öffnen, damit die Fische schön heiß und saftig bleiben. Aus den Blättern essen. ◆

Beilage: Tomaten- oder grüner Salat und geröstetes, mit Knoblauch eingeriebenes Bauernbrot.

Weißkohlsalat

mit Joghurt und Schafskäse

Zutaten für 6 Personen:

1 kleiner Weißkohl (etwa 800 g)
1 TL Salz, 4 EL Olivenöl
4–5 EL Weißweinessig
1 Becher Bulgaria-Joghurt (175 g)
schwarzer Pfeffer aus der Mühle
1 Bund frischer Dill
150 g Schafskäse in Salzlake

Vom Kohl die äußeren Blätter abschneiden, den Kopf abspülen, vierteln und die Blätter ohne dicke Rippen und Strunk auf dem Hobel fein schneiden. ◆ Salz untermischen und den Kohl in einer Schüssel mit dem Kartoffelstampfer kräftig fünf bis acht Minuten stampfen, damit er weich wird und Saft zieht. Öl, Essig, Joghurt und reichlich Pfeffer zugeben. Dill abspülen, gut trockenschütteln und einige Ästchen zum Garnieren beiseite legen. Den übrigen Dill hacken und zum Salat geben. Alles gründlich vermischen. ◆ Salat zehn Minuten ziehen lassen und nochmals abschmecken. Schafskäse zerbröckeln und unter den Salat mischen. Mit Dill garnieren und servieren. ◆ Beilage: Bauernbrot, gegrilltes oder gebratenes Fleisch. ◆ Tip: Der Salat paßt ideal zu einem Partybuffet mit Mittelmeerspezialitäten.

Wirsing
mit Kaninchen

Zutaten für 4 Personen:

- 1 mittelgroßer Wirsing (etwa 1 kg)
- 500 g Kartoffeln (vorwiegend festkochend: Grata, Hela, Gloria), 10 schwarze Oliven
- 2 Knoblauchzehen, 2 mittelgroße Tomaten
- 1 junges, küchenfertiges Kaninchen (vom Händler in Portionsstücke zerteilt)
- Salz, schwarzer Pfeffer aus der Mühle
- 4 EL Olivenöl, 4 Salbeiblätter
- 1 kleiner Zweig Rosmarin
- 1/8 l trockener Weißwein, 3/8 l Gemüsebrühe

Vom Wirsing die harten, grünen Blätter abschneiden und den Kopf vierteln. Unter fließendem Wasser gründlich abspülen und abtropfen lassen. Die gelben Blätter grob würfeln. Kartoffeln schälen und würfeln. Oliven, wenn nötig, entsteinen. Knoblauch abziehen, in Scheiben schneiden. Tomaten mit kochendem Wasser übergießen, Stielansätze herausschneiden, abziehen und grob hacken. ◆ Kaninchenteile abspülen und mit Küchenkrepp trocknen. Mit Salz und Pfeffer einreiben. In einem großen Bräter Olivenöl nicht zu stark erhitzen und die Kaninchenteile darin rundum anbraten. Knoblauch, Salbei und Rosmarin zugeben und kurz mitbraten. ◆ Wein angießen, einmal aufkochen, Wirsing und Oliven untermischen und zugedeckt bei Mittelhitze zehn Minuten schmoren. ◆ Kartoffeln, Tomaten und Brühe zugeben und zugedeckt in 15 bis 20 Minuten fertig garen. Mit Salz und Pfeffer abschmecken. Zum Schluß den Rosmarinzweig herausfischen. ◆ Beilage: warmes Bauernbrot oder Baguette. ◆ Tip: Statt eines Kaninchens können Sie auch Putenbrust, Schweinefilet oder Kalbfleisch verwenden.

Zitrone

Die Heimat der alten Kulturpflanze ist Indien. Araber brachten sie nach Europa. Im 16. Jahrhundert standen eingemachte Zitronen täglich auf der Speisekarte des österreichischen Kaisers

Saft und Schale der Zitrone – unentbehrliche Gewürze bei Fischgerichten

Zitronen-Schellfisch
in Pergament

Zutaten für 2 Personen:

- 1 Schellfisch (eventuell vom Fischhändler ausnehmen lassen)
- 1 EL grobes Salz
- 6–7 schwarze Pfefferkörner
- je 2 Zweige Thymian, Rosmarin, Majoran, Oregano
- 2 ungespritzte und ungewachste Zitronen
- $\frac{1}{8}$ l kaltgepreßtes Olivenöl

Den Ofen auf 180 Grad vorheizen. Ein Blech mit Küchenfolie oder Pergament bedecken und darauf umgedreht ein Schälchen oder eine kleine Tasse stellen. Den Fisch auf beiden Seiten sechs- bis siebenmal hintereinander tief einschneiden und mit dem Bauch auf das Gefäß plazieren. ◆ Salz, Pfeffer und zwei Eßlöffel gezupfte Kräuterblätter in einem Mörser mischen und zerreiben. Die restlichen Kräuter zum Fisch legen. Eine Zitrone in Scheiben schneiden und diese Scheiben durchschneiden. Die Halbkreise in der Gewürzmischung wenden und schuppenförmig in die Einschnitte stecken. ◆ Den besteckten Fisch großzügig mit Öl einpinseln und locker in die Folie oder in das Papier einschlagen und 25 Minuten auf der zweiten Leiste von unten backen. ◆ Die zweite Zitrone auspressen und mit dem ausgetretenen Saft und dem restlichen Olivenöl verrühren. ◆ Fischfilets von den Gräten lösen und mit der Sauce auf vorgewärmten Tellern anrichten. ◆ Beilage: neue oder Pellkartoffeln und grüner Salat.

Zuckersirup

zu Früchten

Zutaten für 8 bis 12 Portionen:

200 ml guter Weißwein
1 TL Vanillezucker, 120–150 g Zucker
reife Früchte nach Wahl (zum Beispiel Äpfel Birnen, Bananen, Weintrauben, Orangen Ananas und Beerenfrüchte)
Zitronensaft

Alle Zutaten in einen Topf geben, aufkochen und bei mäßiger Hitze ohne Deckel zum »schweren Tropfen«, das heißt sirupartig, einkochen und erkalten lassen. ◆ Die Früchte in dünne Spalten oder kleine Würfel schneiden, mit Zitronensaft beträufeln und 30 Minuten zugedeckt ziehen lassen. Früchte auf Portionsteller verteilen und mit Zuckersirup überträufeln. ◆ Beilage: gehackte Nüsse, Schlagsahne und Sahneeis, zum Beispiel Schokolade, Nuß oder Vanille. ◆ Tip: den Sirup nach Geschmack mit einigen Tropfen Obstwasser oder Obstgeist parfümieren. ◆ Tip: In einer verschlossenen Flasche hält sich der Sirup im Kühlschrank mehrere Wochen.

Mit viel Geschmack

Seit 1985 hat Hans Hansen mit seinen Bildern die Food-Fotografie im STERN maßgeblich mitgeprägt. Und dies, ohne seinen Stil ständig zu kopieren. Selbst nach Hunderten von Aufnahmen überrascht er immer wieder mit Neuem.

Hans Hansen, Fotograf der STERN-Küche

Hans Hansen wurde 1940 in Bielefeld geboren, absolvierte nach der Schule eine Lehre als Lithograph und studierte Angewandte Grafik an der Düsseldorfer Kunstakademie. Über die Grafik entdeckte er für sich das Medium Fotografie, verließ die Akademie und machte sich im Alter von 22 Jahren als Fotograf selbständig. Mit Reisebildern und Stilleben verdiente er sein erstes Geld. 1967 zog er nach Hamburg und konzentriert sich seither auf die Studiofotografie. Er gehört heute zu den anerkanntesten deutschen Fotografen, erhielt zahlreiche Auszeichnungen und ist ein gefragter Juror bei Wettbewerben. In genialer Weise gelingt es Hans Hansen immer wieder, mit der raffinierten Einfachheit seiner Bilder dem Betrachter die verblüffende Erkenntnis zu vermitteln, daß er Vertrautes auf einmal mit neuen Augen sieht.

Kochen, Rezepte ausprobieren oder selbst entwickeln, Gäste bewirten – das hat Marlies Klosterfelde-Wentzel immer schon Spaß gemacht. Also absolvierte die 1945 in Hannover geborene, aber seit ihrem dritten Lebensjahr in Hamburg lebende Autorin nach der Schule als erstes eine Hotelfachlehre. 1968 bewarb sie sich im Ressort Dekor und Gastlichkeit bei der Zeitschrift »Schöner Wohnen«, bekam den Job und wußte bald: Journalismus ist dein Ding. 1971 war sie dabei, als das Konzept für die Neugründung »essen & trinken« entwickelt wurde, erstellt seit 20 Jahren das Diät-Programm der Frauenzeitschrift »Brigitte« und produziert seit 1980 jede Woche die STERN-Küche. Und nach wie vor kocht und ißt sie leidenschaftlich gern. Selbst wenn sie den ganzen Tag für Fotoproduktionen im Studio gekocht hat, bereitet sie sich am Abend noch irgendeine kleine Delikatesse zu. »Gut essen, immer an einem schön gedeckten Tisch, ist für mich ein Stück Kultur«, sagt die gertenschlanke Marlies Klosterfelde-Wentzel.

Marlies Klosterfelde-Wentzel, Autorin und Stylistin der STERN-Küche

Register

A

Apfelsalat mit Lammfleisch 14
Artischocken mit Hack gefüllt 16
Artischocken in Pergamenthülle 18
Auberginenpüree mit Joghurt 20
Austern mit Omelette 22
Avocadopüree aus Mexiko 24

B

Birnenkompott süß-sauer 26
Blutwurst zu Kartoffeltäschchen Himmel und Erde 28
Bohnen – Bremer Plockfinken 32
Bohnen-Kartoffel-Gemüse mit Knoblauch und Zitrone 34
Bohneneintopf mit Sesampaste 36
Brandteigküchlein mit Schinken-Käse-Füllung 38
Brotring aus der Provence 42
Butt in Wirsing 44

C

Champignons in Essig-Kräuter-Sud 46
Chicorée und Garnelen in Pfannkuchen 48
Chili con carne mit Bohnen 50

D

Datteln mit Hackbällchen in Koriandersauce 52
Dorade mit Mango und Zitrone 54

E

Ente lackiert 56
Erbsen-Tomaten-Gratin mit verlorenen Eiern 58
Erdbeerkonfitüre mit Duft-Geranien 60
Essigsauce mit Himbeeren zu Rehsteaks 62

F

Feigen in Rotweinsirup mit Cassis 66
Fenchelkraut zum Ofenfisch 68
Fischfond (Grundrezept) 70
Forellenrahmsuppe mit Mandeln 72
Fruchtsuppe mit Mango, Champagner und Minze 74

G

Gänsebraten nach Pommerscher Art 76
Gänsekeulen mit Senfkruste 78
Glasiertes Gemüse zum Braten 80
Granatapfel-Pilaw aus dem Orient 82
Grünkohl mit glasierten Maronen 84
Guaven mit Orangen-Zabaione 86
Gurkenkaltschale mit Krabben 88

H

Hefebrötchen mit Korinthen 90
Holundersaft in roter Grütze 92
Hummersuppe mit Jakobsmuscheln 94

J

Joghurtmarinade zum orientalischen Huhn 96
Johannisbeersauce zur Entenbrust 98

K

Kabeljau in Thymian-Zitronen-Sauce 100
Kalbshaxe Mailänder Art 102
Kartoffeln vom Blech mit Schinkenspeck und Rosmarin 106
Kartoffelrouladen mit Pfifferlingen 108
Kartoffelsalat mit schwarzen Oliven und Sardellenfilets 110
Kaviar in Kuppeln vom Räucherlachs 112
Kirsch-Clafoutis warm 114
Knoblauch-Tortilla aus Spanien 116
Knödel aus Vollkornsemmeln 118
Kokos in Hühnersuppe mit Zitronengras 120
Kräuterei Mimosa 124
Kürbis-Ravioli mit Zimtzucker 126

L

Lachs mariniert mit Jakobsmuschel-Kompott und Seeigel 128
Lachsbuletten mit Steinbutt 130
Langusten und Hähnchen 132
Lauch mariniert 136
Lorbeerkartoffeln vom Blech 138
Löwenzahnsalat mit Kartoffeln und Speck 140

M

Mangoldwickel mit Fleischfüllung 142
Marmelade aus Mango und Papaya 144
Melone mit Eichblattsalat und warmem Schafskäse 146
Mohn-Speck-Gugelhupf zum Wein 148
Möhren-Orangen-Suppe mit Krabbenfleisch 150
Morcheln in Kalbsgeschnetzeltem 152
Mozzarella in Öl eingelegt 154

N

Nudelteig (Grundrezept) 158
Nüsse in Kürbissuppe 160
Nußtorte aus dem Engadin 162

O

Obst-Rahm-Kuchen mit Quark und Sahne 164
Oliven in Rindfleisch auf provenzalische Art 166
Olivenöl-Sauce mit Sardellen 168

P

Paprikarouladen mit Kapern und Schinken 170
Paprikaschoten türkisch gefüllt 172
Pfirsich-Carpaccio mit Parmesankäse 174
Pilzsalat warm in Thymian-Vinaigrette 176
Pochierte Eier auf Tomaten-Orangen-Sauce 178
Pudding aus dem Dampf mit Quark 180

Q

Quiche mit Porreefüllung 182
Quitten-Linsen-Gericht mit Bregenwürsten 184

R

Rehschlegel mit Holundersauce 186
Rhabarberkuchen mit Mohn 188

Rinderbäckchen in Rotwein 190
Risotto mit Basilikum 194
Rosenkohl mit Rosinen 196
Rotbarbe im Ofen gegart 198
Rotbarsch in der Kruste 200
Rote Bete in Essig 202
Rotkohl-Süßkartoffel-Auflauf mit Mandel-Käse-Kruste 204

S

Safranrisotto mit Parmesan 206
Salzkrusten-Kartoffeln mit Mojo 210
Schafskäse auf Tomatengemüse 212
Schnecken mit Parmesan überbacken 214
Schokoladentorte aus Wolfenbüttel 216
Schwarzwurzeln überbacken 218
Schweinebraten nach Florentiner Art 220
Selleriescheiben gebraten 222
Spargelgratin mit Orangen 224
Spinat-Ei-Pfanne mit Knoblauch und Parmesankäse 226
Sprossensalat aus Linsen mit Orangen 228

T

Teekuchen mit getrockneten und kandierten Früchten 230
Tintenfische und Muscheln mit Spaghetti 234
Tomatensauce mit Basilikum 238
Tomatensülze mit Kresse 240
Topinambur mit Kräuterhollandaise 242

V

Vermouth-Senf-Sauce zu Kalbskotelett 244

W

Weihnachtsprinten mit Kandis 246
Weinblätter um gegrillte Rotbarben 248
Weißkohlsalat mit Joghurt und Schafskäse 250
Wirsing mit Kaninchen 252

Z

Zitronen-Schellfisch in Pergament 256
Zuckersirup zu Früchten 258